JN068124

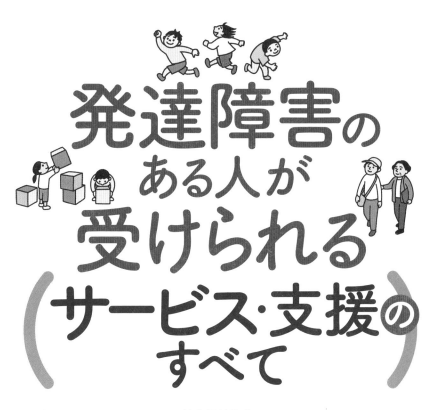

発達障害のある人が受けられる（サービス・支援のすべて）

社会福祉法人
嬉泉＝監修

ナツメ社

はじめに

「発達障害者支援法」が施行された2005（平成17）年以降、全国的に発達障害への関心が高まり、関連するニュースを見聞きする機会も増えました。

また、「大人の発達障害」という言葉も、昨今ではすっかり定着してきました。学校時代はそれほど気にならなかったり、気にはなっていても問題があまり表面化されなかったりしていたのが、社会に出て働き始めてから〝生きにくさ〟を抱えて苦しんでいる方々が多い現状を映し出しています。

発達障害は、医療機関で診断を受けたら問題が解決するわけではなく、その後、本人や家族が、特性について理解し、受け入れ、上手につき合っていくことが必要になります。また、診断名が同じであっても、個々が示す状態像はさまざまであり、対応に苦慮するケースが多いことも事実です。それだけに、支援する側に求められる専門知識や技術は高度になります。

そして、発達障害のある人へのサポート体制は、地域差はありますが、以前に比べると整備されつつあり、またインクルーシブ社会の実現に向けて、さまざまな取り組みが進められています。

そのなかで、本人や家族が行政機関や専門の支援機関に相談し、適切なサービスを求めること、そして適切なサービスにつながることはとても重要なことです。本人や家族が関係者とネットワークを築くことが、本人にとっての最善の方策を見出すことにもつながります。

いま現在、ひとりで悩んでいる方は、本書で取り上げている専門の機関とまずはつながることから考えてみてください。

本書では、幼児期から就学期、就労期、親なき後への準備まで、ライフステージごとに得られる支援と制度を紹介しています。わが子の将来設計、また自身の未来を拓くための一助となれば幸いです。

社会福祉法人 嬉泉

※「障害」の表記については、「障がい」または「障碍」とする流れがありますが、現行の法令、制度名との混乱を避けるため本書では「障害」としています。

もくじ

はじめに …… 2
ライフステージごとのサポートの流れ …… 12

1章 発達障害と診断されたら
～知っておきたい基礎知識～

1 それぞれの特性に応じた療育で困りごとを減らし、生きやすくする …… 20
2 早く気づくことが社会への適応とその人らしい成長を後押しする …… 22
3 発達障害の定義と診断名について基本を押さえておく …… 24
4 障害のある人への支援について制度の骨組みを把握しておく …… 26
5 対象となる制度、サービスは個々のケース、市区町村により異なる …… 28
6 相談を受けて、さまざまな支援を行う発達障害者支援センター …… 30
7 医療機関を受診して診断を受ける意味合い …… 32
8 うつ病、不安障害など起こりえる問題 …… 34
9 「精神障害者保健福祉手帳」「療育手帳」を取得する意味合い …… 36
10 「精神障害者保健福祉手帳」「療育手帳」の申請の仕方 …… 38
11 「特別児童扶養手当」「障害児福祉手当」「特別支援教育就学奨励費」などの申請 …… 40

12 保護者に対するサポートを受けることも検討する …… 42
Case 1 療育につながり、友達もできた …… 44
Case 2 相談を通して課題と対応策が見えてきた …… 45
発達障害の療法ABC 発達障害が完治する薬、治療法はない …… 46

2章 幼児期の支援

1 発達障害の早期発見に役立つ乳幼児健診 …… 48
2 保健センター、子ども家庭支援センター、児童相談所など初めての相談先を選ぶ …… 50
3 就学前の子が療育を受けられる3つの通所施設 …… 52
4 通所施設利用のためには「通所受給者証」が必要 …… 54
5 通所施設利用にあたり相談支援事業者が「障害児支援利用計画」を作成 …… 56
6 通所施設で作成される目標、方針などの「個別支援計画」 …… 58
7 必要性が認められれば短期の預かり、入所施設の利用なども可能 …… 60
8 集団生活に不安があるときは「保育所等訪問支援」を利用 …… 62
9 保育園などでのサポートを補強する「加配制度」は園が市区町村に申請 …… 63

Case 3 同じ診断名なら同じ対応がいつも有効とは限らない …… 64
Case 4 専門療育が継続的に必要なケースばかりではない …… 65
発達障害の療法ABC 遊びや運動などを通して支援する作業療法 …… 66

3章 就学期の支援

1 どこに就学するか選択肢を知る …… 68
2 すべての子が通常学級で平等に学ぶ「インクルーシブ教育」とは …… 72
3 学校が義務づけられている「合理的配慮」とは …… 74
4 就学相談を活用して就学先を決定するまでの流れ …… 76
5 一貫した支援のため学校などが作成する「個別の教育支援計画」 …… 78
6 親子でカウンセリングも受けられる教育センターの教育相談 …… 80
専門家アドバイス いじめ・不登校について …… 81
7 特別支援教育コーディネーターは学校の特別支援教育の中心的存在 …… 82
8 専門職による「巡回相談」を必要に応じて求める方法も …… 84
9 就学期の通所施設は「放課後等デイサービス」 …… 86

10 高校・大学への進学・進路については学校の支援を受ける……88
11 子どもの外出を支援する「移動支援事業」……90
Case 5 オンライン授業で学校が好ましい印象に変化……92
Case 6 通常学級では難しくなり、時間をかけて移行……93
Case 7 趣味が助けになり、私立校で目覚ましく成長……94
Case 8 支援体制が手厚い大学を選ぶと心強い……95
発達障害の療法ABC 言葉とコミュニケーションの発達を促す言語療法……96

4章 就労期の支援

1 学校卒業後の相談先は発達障害者支援センター、行政の窓口……98
専門家アドバイス 相談することで支援につながる……99
2 一般就労と福祉的就労など就労形態を考える……100
〔覚えておきたいミニ知識〕 特例子会社の制度……101
3 障害者雇用促進法により障害を理由とした差別は禁じられている……102
〔覚えておきたいミニ知識〕 相談体制の整備・苦情処理・紛争解決の援助……103

4 法律で定められた障害者雇用の合理的配慮……104
〔覚えておきたいミニ知識〕障害者職業生活相談員の制度……105
5 就職に必要なことを考えてみる……106
6 就労支援に関わる機関はハローワーク、地域障害者職業センターなどいくつもある……108
7 対人関係などに困難を抱える人へのハローワークによる就労支援……110
〔覚えておきたいミニ知識〕精神障害者雇用トータルサポーター……111
8 適性に応じた職業訓練が受けられるハロートレーニング……114
9 就労準備の入口になる地域障害者職業センター……116
10 障害者就業・生活支援センターは地域の就労に関する知識が豊富な相談先……118
専門家アドバイス 希望をできるだけ明確にすることが大切……119
11 実際に働いて長期就労につなげる「障害者トライアル雇用」制度……120
12 支援を受けつつ働ける「就労継続支援A型」……122
13 体力、状態に合わせて利用できる「就労継続支援B型」……124
14 働くための練習から就労につなぐ「就労移行支援」……126
15 就労後のサポートで早期離職を防ぐ「就労定着支援」……128
16 職場に適応するようサポートする「ジョブコーチ（職場適応援助者）」……130
17 発達障害専門プログラムがある医療機関のデイケア……132
18 業務外の病気で休職する際は健康保険の「傷病手当金」を申請……134

〔覚えておきたいミニ知識〕 退職の前に考えたいこと …… 135
19 雇用保険に入っていて退職したら「就職困難者」として失業保険を申請 …… 136
〔覚えておきたいミニ知識〕 失業保険の受給には求職活動がマスト …… 137
20 成人後に発達障害の診断を受けたら「障害者手帳」の取得を考えてみる …… 138
21 大人が障害者手帳を取得して得られるメリット …… 140
22 精神の障害も対象となる障害年金のしくみを知っておく …… 144
〔覚えておきたいミニ知識〕 障害手当金 …… 147
23 20歳前の障害で受給できる「20歳前傷病による障害基礎年金」 …… 148
24 障害年金の請求に必要な重要書類を用意して提出する …… 150
〔覚えておきたいミニ知識〕 社会保険労務士への依頼 …… 153
25 生活関連の障害福祉サービスは「障害支援区分」認定を受けて利用 …… 154
26 長期にわたる精神科通院では「自立支援医療」により1割負担に …… 158
27 交流の場で活動プログラムがある「地域活動支援センター」 …… 160
28 精神の障害と心の健康の専門的相談は「精神保健福祉センター」が対応 …… 162
専門家アドバイス 悩んでいるときは電話を …… 163
Case 9 ひとまず卒業してから就職の準備をする …… 164
Case 10 自己理解により努力不足ではなくミスマッチとわかった …… 165
Case 11 環境調整により本人の力を発揮しやすくする …… 166

Case 12 得意な仕事に専念したいと交渉して成功……167
発達障害の療法ABC 人と関わり、表現する機会が得られる音楽療法……168

5章 親なき後への準備 ～ひとり暮らしのサポート～

1 どこに住み、どのように生活を支え、生計を立てていくのか……170
2 住まいの選択と暮らし方に応じたサービスの利用……172
3 通所による介護が難しい場合などに利用される入所施設……174
4 少人数で共同生活を行うグループホーム……175
5 ひとり暮らしの準備に利用できる「自立訓練（生活訓練）」……176
〔覚えておきたいミニ知識〕巡回訪問のある「自立生活援助」……177
6 将来に向けて障害福祉サービス利用の相談ができる「相談支援事業者」……178
7 障害福祉サービスの利用者負担には所得に応じた上限がある……180
8 社会福祉協議会による「日常生活自立支援事業」……182
9 国民健康保険料、介護保険料の負担、税額控除について……184
〔覚えておきたいミニ知識〕会社員も確定申告で障害者控除が受けられる……186

10 生命保険、医療保険、傷害保険、個人賠償責任保険の加入について……187
11 障害のある子の生活の安定のため定期的に金銭を渡す「特定贈与信託」……188
12 親の他界後、財産をスムーズに引き継げる「遺言代用信託」……190
13 親の生命保険の死亡保険金を信託財産とする「生命保険信託」……192
14 親なき後に一定額の年金を支給する「障害者扶養共済制度」……194
15 経済的に困窮した場合の「生活保護」の制度……196
16 財産を兄弟姉妹などに託し、管理を任せる「家族信託」……198
17 財産の管理などを支援する「成年後見制度」……200
18 成年後見制度の「後見制度支援信託」「後見制度支援預金」……204
Case 13 **早めの対策、行動で選択肢が広がる**……206
Case 14 **早くからの計画でスムーズにグループホームに移行**……207
Case 15 **ひとり暮らしの練習で何が必要なのかが見えた**……208
発達障害の療法ABC **物事の受け止め方、行動を修正する認知行動療法**……209
【支援者用・資料】発達障害に関連する法律・関係機関一覧……210
【当事者用・資料】発達障害のおもな特性の伝え方……214
さくいん……218

ライフステージごとのサポートの流れ

発達障害の特性によって必要となるサポート、活用できる制度などは、ライフステージごとに違います。およその流れを知っておくことが、今後の歩みにおける困りごとの解消と安心につながるでしょう。

児　期

0歳
誕生

1歳
1歳6か月児健診

3歳
3歳児健診

「発達障害かもしれない」と不安な保護者の相談先 ↓P50

- ☑保健センター
- ☑子ども家庭支援センター
- ☑児童相談所
- ☑発達障害者支援センター ↓P30

※いずれも公的機関なので相談は無料

「発達障害の可能性がある」と指摘されたときの選択肢

- ☑医療機関を受診して診断を受ける ↓P32
- ☑発達支援を行う通所施設を利用 ↓P52
  - ・児童発達支援センター
  - ・児童発達支援事業所

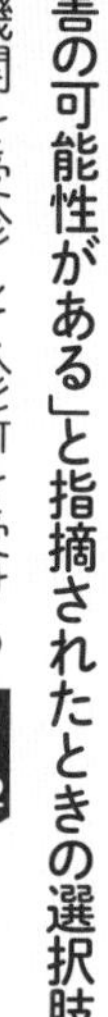

乳　幼

・医療型児童発達支援センター

☑しばらく様子を見る

「発達障害」と診断されたときの手続き、選択肢

☑障害者手帳の取得 ↓P36〜39

・精神障害者保健福祉手帳

・知的障害をともなう場合は療育手帳

☑手当の受給 ↓P40

・特別児童扶養手当

・障害児福祉手当

・特別支援教育就学奨励費

☑障害児入所施設の利用 ↓P60

・福祉型障害児入所施設

・医療型障害児入所施設

幼児教育の選択肢

☑保育所

☑幼稚園

☑認定こども園

☑特別支援学校の幼稚部

保育所〜高校を支援員が訪問、専門的な支援を行う〈保育所等訪問支援〉が利用できる。 ➜P62

通所施設を利用する際は〈障害児支援利用計画〉〈個別支援計画〉が作成され、発達の貴重な記録となる。 ➜P54

就　学　期

6歳
小学校入学

小学校の選択肢 ↓P68〜

- ☑ 特別支援学校の小学部
- ☑ 特別支援学級
- ☑ 通常学級＋通級指導教室

就学先は教育委員会の〈就学相談〉により決定。 ➔P76
本人と保護者の希望を尊重しつつ、子どもの状況、医師の診察、検査、専門家の意見などにより決定される。
→希望と違う場合、不服を申し立てると再審議に。
※入学後に変更を希望する場合も就学相談を申し込む

子どもの特性に対して〈合理的配慮〉を求められる。 ➔P74

学校などは長期的に一貫した支援を行うため〈個別の教育支援計画〉を作成。 ➔P78

学校に関する相談は市区町村の〈教育センター〉へ。不登校の子どものための〈適応指導教室〉もある。 ➔P80

小学校〜高校で発達支援を受けられる通所施設〈放課後等デイサービス〉がある。 ➔P86

12歳
中学校入学

中学校の選択肢

- ☑ 特別支援学校の中学部
- ☑ 特別支援学級
- ☑ 通常学級＋通級指導教室

迷い、不安がある場合など、教育委員会に〈就学相談〉を申し込む。
希望する学校とどのような合理的配慮が可能か話し合い。

15歳

中学校卒業
高校進学など

進路の選択肢 ↓P88～

☑高校進学
・特別支援学校の高等部
・高等特別支援学校
・通常学級+通級指導教室
・通常学級

☑就労

☑障害者支援施設などで〈生活介護〉を受ける ↓P156

18歳

高校卒業
就職・進学など

進路の選択肢

☑就労 ↓P100

☑就労に向けて準備

☑大学、専門学校などに進学

☑障害者支援施設などで〈生活介護〉を受ける ↓P156

受験時、入学後の〈合理的配慮〉を大学、学校側に確認、話し合い。

20歳

対象に該当する場合、〈20歳前傷病による障害基礎年金〉を請求・受給。 →P148

20歳で〈特別児童扶養手当、障害児福祉手当〉は停止。20歳以上では該当すれば〈特別障害者手当〉が受給できる。

就労期

15歳～22歳

就職

働き方の選択肢 ↓P100

☑一般就労
・一般雇用
・障害者雇用

☑福祉的就労
・就労継続支援A型
・就労継続支援B型

生活、仕事、障害福祉サービスなど全般的な相談先 ↓P98

☑発達障害者支援センター

☑市区町村の障害福祉関連の窓口

☑保健センター、保健所

初めての就職、また退職後の社会復帰に向けた準備

☑ハローワークの〈若年コミュニケーション能力要支援者就職プログラム、発達障害者雇用トータルサポーター〉を活用 ↓P110

☑ハローワークの職業訓練〈ハロートレーニング〉を受ける ↓P114

☑地域障害者職業センターの〈職業準備支援〉を活用 ↓P116

☑障害者就業・生活支援センターに相談、サポートを受ける ↓P118

募集・採用時、採用後の〈合理的配慮〉について企業と話し合い。→P104

うつ病、依存症などの精神障害、ひきこもりなど難しい問題の専門的相談は〈精神保健福祉センター〉へ。→P162

就労の相談に対応、支援を行うおもな機関は〈ハローワーク、市区町村役場、地域障害者職業センター、障害者就業・生活支援センター〉。→P108

60代〜

定年退職

サポートを受けながら働く

- トライアルから正式雇用につなぐ〈障害者トライアル雇用〉↓P120
- 障害福祉サービス事業者に雇用される福祉的就労〈就労継続支援A型〉↓P122
- 就労移行支援事業所で訓練、実習、就職につなぐ〈就労移行支援〉↓P126
- 就職して半年後からサポートする〈就労定着支援〉↓P128
- 職場に適応するよう支援する〈ジョブコーチ〉↓P130

休職、退職した場合

- 発達障害に関連しての休職では〈傷病手当金〉を申請↓P134
- 退職後は〈就職困難者〉として失業保険を申請↓P136
- 〈障害年金〉の受給を検討↓P144〜

雇用契約を結んで働くことが難しい人には、通所して作業にあたる福祉的就労〈就労継続支援B型〉もある。→P124

大人になって発達障害の診断を受けた場合、〈障害者手帳〉を取得して支援を受けることを検討。→P138〜

発達障害者を対象に、生きづらさを軽減する〈精神科デイケア〉も広まりつつある。→P132

必要に応じて、自立した生活をサポートする家事援助、外出時の安全確保、短期入所など〈障害福祉サービス〉を活用。→P154〜

障害者の自立支援施設〈地域活動支援センター〉は“居場所”として活用できる。→P160

親なき後

30・40代〜 親が高齢に

住む場所の選択肢 ↓P172〜

- ☑実家（ひとり暮らし／親族と同居）
- ☑親族など支援者の近所でひとり暮らし
- ☑〈グループホーム〉で必要な支援を受ける
- ☑〈入所施設〉で必要な支援を受ける

生活面のサポートについて

- ☑これまで通り障害福祉サービスを利用する
- ☑これから必要になる障害福祉サービスを検討する
- ↓利用できるサービスなどを〈相談支援事業者〉に相談 ↓P178
- ☑社会福祉協議会の〈日常生活自立支援事業〉を利用 ↓P182

障害福祉サービスには、家事のやり方や公共交通機関の利用などの訓練をする〈自立訓練（生活訓練）〉もある。 →P176

障害福祉サービス費用の自己負担は原則1割。月々の上限額も定められている。 →P180

経済的サポートと金銭管理の選択肢

- ☑〈障害年金〉を受給 ↓P144〜
- ☑〈障害者扶養共済制度〉に加入しておく ↓P194
- ☑親の遺産相続について信託制度などを利用 ↓P188〜
- ☑困窮した場合は〈生活保護〉を受給 ↓P196
- ☑〈成年後見制度〉を利用する ↓P200〜

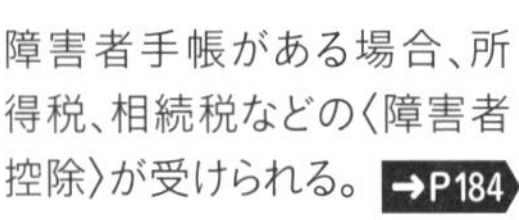

障害者手帳がある場合、所得税、相続税などの〈障害者控除〉が受けられる。 →P184

1章

発達障害と診断されたら

～知っておきたい基礎知識～

それぞれの特性に応じた療育で困りごとを減らし、生きやすくする

将来的な自立を視野に入れた支援

発達障害のある子どもにはさまざまな特徴があり、それゆえ日々のなかで困難に直面することが多く起こります。そのような困りごとを減らし、本人が生きやすくなるように、早いうちに対応することが重要です。

それぞれの子どもの発達の状態、特性に応じた働きかけ、支援は療育と呼ばれ、発達支援ともいいます。その子の発達を促し、円滑(えんかつ)に日常を過ごせるようにし、将来的には社会で自立して生活できるようになることを目指します。そのために、医療、心理、福祉、教育などの各方面からの支援が行われています。

療育を行う専門家としては、医師、公認心理師、臨床心理士、作業療法士、言語聴覚士、保育士、児童指導員などが挙げられます。それぞれの専門分野において、ひとりひとりの子どもの特徴に合った方法を提案します。

親の育て方が原因ではない

そもそも発達障害は、生まれつきの脳の特性によるものです。以前に比べて誤解は減りましたが、環境や親の育て方が原因で起こる障害ではありません。脳の働き方の違いにより幼いころから生活上の困りごとが多くあらわれた場合に、診断につながる場合があります。

発達障害そのものを根本的に治す術はありませんが、その子の特性を正しく理解し、その子が本当に必要とする適切な働きかけを行うことで、生活上の困難を減らし、基本的な生活能力の向上を図るということです。

日々の強い不安やストレスが減れば、子どもはもてる力を発揮しやすくなります。自己肯定感を得るなかで、家族や周囲との関係が改善することも期待されます。

おもな発達障害の特性

注意欠如（ちゅういけつじょ）・多動症（たどうしょう）
ADHD

- 不注意（集中できない）
- 多動・多弁（じっとしていられない）
- 衝動的に行動する（考えるよりも先に動く）

知的な遅れをともなうこともあります

自閉スペクトラム症

- 言葉の発達の遅れ
- コミュニケーションの障害
- 対人関係・社会性の障害
- パターン化した行動、こだわり

（アスペルガー症候群）

- 基本的に、言葉の発達の遅れはない
- コミュニケーションの障害
- 対人関係・社会性の障害
- パターン化した行動、興味・関心のかたより
- 不器用（言語発達に比べて）

学習障害
LD

- 「読む」、「書く」、「計算する」などの能力が、全体的な知的発達に比べて極端に苦手

※このほか、トゥレット症候群や吃音（症）なども発達障害に含まれます。

参考：国立障害者リハビリテーションセンター　発達障害情報・支援センターHP

療育に関わる専門家

医師
公認心理師
臨床心理士
作業療法士
言語聴覚士
音楽療法士
社会福祉士
保健師
相談支援専門員
保育士
児童指導員
など

2 早く気づくことが社会への適応とその人らしい成長を後押しする

集団行動でつまずくケースは多い

「うちの子は発達障害かもしれない」と思い始めるきっかけが、保育園や幼稚園への入園だったというケースは多くあります。集団行動が苦手で、コミュニケーションがうまくとれず、さまざまな困難に遭遇するためです。

たとえば自閉スペクトラム症では、目を合わせない、笑いかけても返さない、ほかの子に関心をもたないといったことが代表的なサインとして挙げられます。

注意欠如・多動症では、おとなしく遊んだり、ほかの子と遊んでいて順番を待ったり、集中し続けたりすることが難しく、気が散りやすいといった特徴があります。

学習障害では、知的発達には遅れがなく、「読む」「書く」「計算する」などの特定分野の学習に大きな困難が生じた場合に、気づくきっかけとなります。

誤った対応は将来に悪影響を及ぼす

発達障害がある子どもの全般的な特徴、気づくポイントを、左図にまとめました。ただし、いくつもあてはまるからといって、必ずしも発達障害とは限りません。

不安に思った場合は、乳幼児健診や保育園、幼稚園、学校、また行政の相談窓口などで相談をしてみるのがいいでしょう。まだ乳幼児であれば、急速に成長する時期ですから、しばらく様子を見ることも多くあります。

大切なのは、その子に合った適切な対応を知ることです。それが社会への適応、将来的な自立にもつながるでしょう。脳の特性による行動であるのに、周囲から理解されず、叱られ、非難され続ける状況は、健やかな成長のために避けなければなりません。そのためには、専門家の支援を受けて正しい認識をもつことが必要です。

発達障害に気づくポイント

● 人との関わり方

- ひとり遊びが多い。一方的でやりとりがしにくい。
- おとなしすぎる。常に受動的。

● コミュニケーション

- 話は上手で難しいことを知っているが、一方的に話すことが多い。
- おしゃべりだが、保育士や指導員の指示が伝わりにくい。

● イマジネーション・想像性

- 相手にとって失礼なことや傷つくことをいってしまう。
- 急な予定変更時に不安や混乱した様子がみられる。

● 注意・集中

- 一つのことに没頭すると話しかけても聞いていない。
- 落ち着きがない、集中力がない、いつもぼんやりしている。

● 感覚

- ざわざわした音に敏感で耳をふさぐ、雷や大きな音が苦手。
- 揺れている所を極端に怖がる、すき間など狭い空間を好む。

● 運動

- 身体がグニャグニャとしていることが多い、床に寝転がることが多い。
- 極端に不器用、絵やひらがなを書く時に筆圧が弱い、食べこぼしが多い。

● 学習

- 話が流暢で頭の回転が速いことに比べて、作業が極端に遅い。
- 難しい漢字を読むことができる一方で、簡単なひらがなが書けない。

● 情緒・感情

- 極端な怖がり。
- ささいなことでも注意されるとかっとなりやすい、思い通りにならないとパニックになる。

出典　政府広報オンライン「発達障害って、なんだろう？」（一部抜粋）

3

発達障害の定義と診断名について基本を押さえておく

発達障害者支援法で示された定義

発達障害への理解を深め、適切な支援を受けるためには、定義を知っておくことも大切です。

発達障害者支援法による定義は、「自閉症、アスペルガー症候群その他の広汎性発達障害、学習障害、注意欠陥多動性障害その他これに類する脳機能の障害であってその症状が通常低年齢において発現するもの」。

発達障害の代表的な障害といえる自閉症(自閉スペクトラム症)、学習障害(LD)、注意欠陥多動性障害(注意欠如・多動症/ADHD)が挙げられています。そもそも発達障害はいくつかの障害の総称で、含まれる障害はそれぞれまるで異なります。ただし、いくつか併存しているケースは珍しくありません。

また、政令や省令、通知などによって、定義に多少の違いがあることも頭に入れておきましょう。

診断基準により診断名は異なる

さまざまな制度を利用する際は、医師による診断名が必要となることもあります。診断名によって申請が通りやすいかどうかの違いも見られます。

診断にあたっては、主にWHO(世界保健機関)の国際疾病分類「ICD」が基準とされます。ほかに米国精神医学会の「DSM-5」という診断基準も参考にされ、両者で診断名に違いがあるのも難しいところです。

さらに、年齢、環境などで症状が変われば、診断結果は変わりえます。どのくらい特徴が出ていれば診断されるかという境界も明確ではありません。診断名は絶対的ではなく、ひとつの手がかりくらいにとらえるといいでしょう。

診断基準と診断名の違い

ICD-11(WHO)

神経発達症群 6A00~06、6C91	知的発達症
	発達性発話または言語症群
	自閉スペクトラム症
	発達性学習症
	発達性協調運動症
	注意欠如多動症 (不注意優勢、多動衝動性優勢、混合の下位分類あり)
	常同運動症(じょうどう)
	注意欠如多動症および素行・非社会的行動症

出典　公益社団法人　日本精神神経学会 HP
※病名・用語の和訳は、厚生労働省、総務省の最終承認前であるため、変更が加わる可能性があります。

DSM-5(米国精神医学会)

神経発達症群	知的能力障害群
	コミュニケーション症群
	自閉スペクトラム症
	注意欠如・多動症
	限局性学習症(げんきょくせい)
	運動症群
	チック症群
	ほかの神経発達症群

【本書の診断名・障害の表記について】

WHOの「ICD - 11(国際疾病分類第11版)」は2022年1月に発効し、国際的に病名、死因の記録・報告などに用いられています。ただ、日本国内で現行の「ICD - 10(国際疾病分類第10版)」から「ICD - 11」に切り替わる時期は、まだ明らかではありません。

本書では、「DSM - 5」の自閉スペクトラム症、注意欠如・多動症が広く使われている昨今の状況を考慮し、このふたつを使用しています。また、学習障害は誤解と混乱を避けるため、そのまま使用しています。

障害のある人への支援について制度の骨組みを把握しておく

目的は本当に必要な支援を受けること

発達障害のある人がどのような支援を受けられるかを見ていくうえで、制度の骨組みを知っておくことは役立ちます。さまざまなサービスの法的根拠、事業の成り立ちを把握することが、適切な利用につながります。

何より重要なのは、本人が本当に必要とする支援を受けられるようにすることです。本来なら利用できるはずの訓練や支援が得られない状況に直面した場合など、制度のあらましがわかっていれば対応を求める道筋が見えやすいことでしょう。

核となるのは「障害者総合支援法」

障害者に対する施策の基本理念は「障害者基本法」に定められています。その理念に基づき、障害福祉サービスを定めているのが「障害者総合支援法」です。障害の有無により分け隔てられることなく、地域社会で共生できるように支援する法律です。

障害者への支援のなかには、対象を発達障害者に特化した支援もあり、これについては「発達障害者支援法」に定められています。

一方で、18歳未満の児童への支援は、「児童福祉法」に定められています。「児童福祉法」はすべての児童の健（すこ）やかな成長と生活の保障、愛護のための諸制度を定めた法律であり、そのなかに障害のある子に対する福祉サービスも含まれているということです。

また、このほかに障害年金（P144参照）、障害者手帳（P36、138参照）、介護保険の制度があります。対象となる場合は、それぞれに定められた福祉サービスや給付などを受けることができます。

障害者総合支援法等のしくみ

市区町村

自立支援給付

障害福祉サービス

介護給付
- 居宅介護
- 重度訪問介護
- 同行援護
- 行動援護
- 療養介護
- 生活介護
- 短期入所
- 重度障害者等包括支援
- 施設入所支援

訓練等給付
- 自立訓練(機能訓練・生活訓練)
- 就労移行支援
- 就労継続支援(A型・B型)
- 就労定着支援
- 自立生活援助
- 共同生活援助

相談支援
- 基本相談支援
- 地域相談支援
- 計画相談支援

補装具

自立支援医療
- 更生医療
- 育成医療
- 精神通院医療

地域生活支援事業
- 相談支援
- 意思疎通支援
- 日常生活用具
- 移動支援
- 地域活動支援センター
- 福祉ホーム

支援

- 広域支援
- 人材育成

児童福祉法

障害児相談支援

障害児通所支援
- 児童発達支援
- 医療型児童発達支援
- 居宅訪問型児童発達支援
- 放課後等デイサービス
- 保育所等訪問支援

障害児入所支援

都道府県

5
対象となる制度、サービスは個々のケース、市区町村により異なる

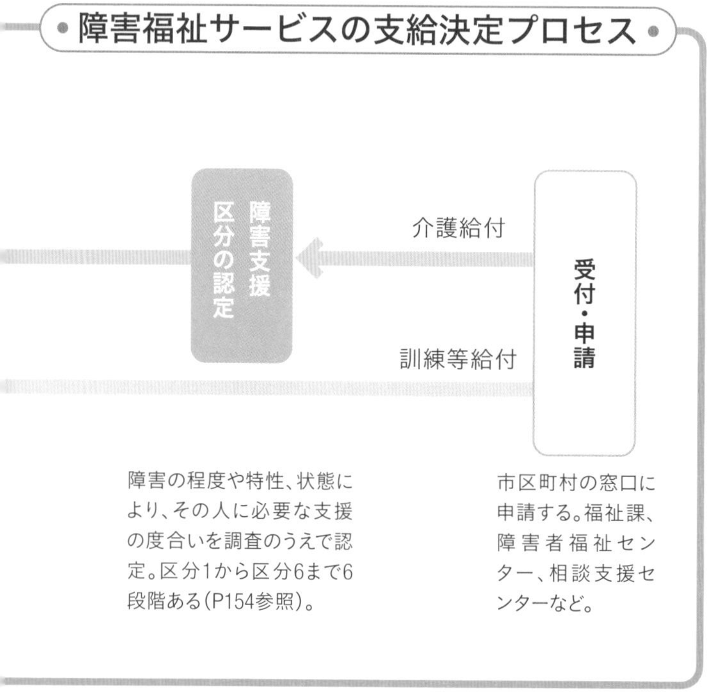

何を必要としているか明確にする

発達障害のある人がどのような支援を受けられるかは、個々のケース、住んでいる地域によっても異なります。同じ診断名でもそれぞれの状況も困りごとも違いますし、似たようなケースに見えても、まったく同じ支援が受けられるとは限りません。

療育や支援は何もしなくても自動的に始まるものではありません。自分自身またわが子の特性に応じた支援を得るには、何を必要としているのか、何を求めているのかを明確にしていくことが大切です。

提供される福祉サービスの具体的な内容や手続きの仕方などは自治体によって異なりますから、その詳細を第一に確認します。相談窓口などで、わかりやすくまとめられたパンフレットや冊子などを入手すると役立つでし

障害福祉サービスの支給決定プロセス

受付・申請

市区町村の窓口に申請する。福祉課、障害者福祉センター、相談支援センターなど。

介護給付

訓練等給付

障害支援区分の認定

障害の程度や特性、状態により、その人に必要な支援の度合いを調査のうえで認定。区分1から区分6まで6段階ある（P154参照）。

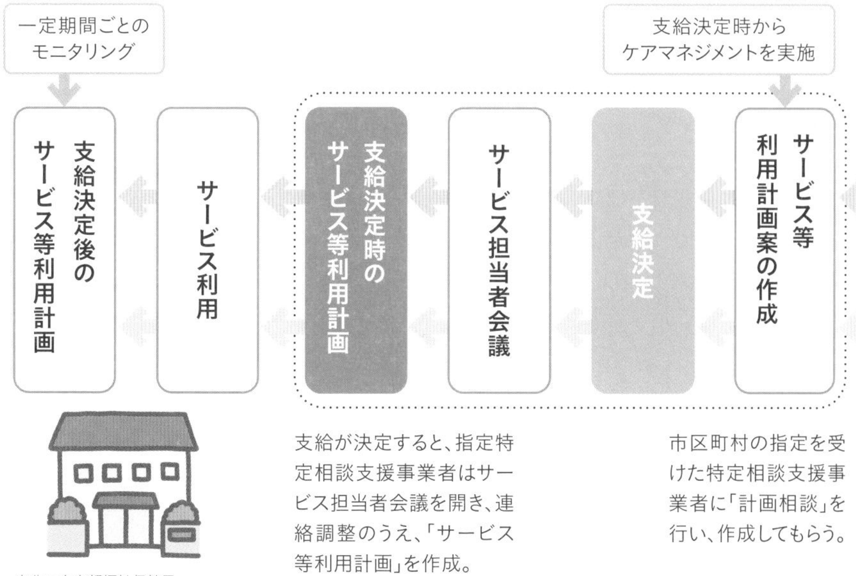

支給決定時から
ケアマネジメントを実施

サービス等利用計画案の作成

支給決定

サービス担当者会議

支給決定時のサービス等利用計画

サービス利用

支給決定後のサービス等利用計画

一定期間ごとのモニタリング

市区町村の指定を受けた特定相談支援事業者に「計画相談」を行い、作成してもらう。

支給が決定すると、指定特定相談支援事業者はサービス担当者会議を開き、連絡調整のうえ、「サービス等利用計画」を作成。

出典：東京都福祉保健局

よう。年度が替わると制度の内容などに変更が加えられることも多くあるため、最新の情報を得るように注意してください。

障害福祉サービスの申請

前項で述べた「障害者総合支援法」による支援のうち、「自立支援給付」はどの自治体でも同様のサービスが利用できます。P27の図表にある「障害福祉サービス」を受けたい場合は、市区町村の窓口に申請します。

障害福祉サービスは「介護給付」と「訓練等給付」に分かれ、介護給付でのみ「障害支援区分」の認定が必要となります(上図参照)。そのほかは、ともに障害の種類や程度、介護者、住まいの状況、そして「サービス等利用計画案」を踏まえ、支給決定が行われます。発達障害については、知的障害がある場合は知的障害者として、該当しない場合は精神障害者として対象になります。

一方、「地域生活支援事業」については、自治体が独自に工夫して提供するため、具体的な内容、対象などは住んでいる地域により変わると覚えておきましょう。転居した場合は同じサービスが受けられるとは限りません。

相談を受けて、さまざまな支援を行う発達障害者支援センター

本人と家族を総合的に支援

発達障害がある人に対して、総合的な支援を行う地域の専門機関が発達障害者支援センターです。発達障害支援に特化した機関として、国の施策により平成14年度からスタートしました。

対象となる年齢の限定はなく、乳幼児から高齢者まで利用でき、途切れずに支援を受けられます。発達障害であるという診断の有無も問われません。「自分は発達障害なのだろうか」と悩む人の相談も受けつけています。

さらに、本人のみならず家族、関係機関も支援の対象です。子どもとのコミュニケーション、行動面などで気になっていること、学校、職場などで困っていることなどを幅広く相談できます。発達障害に関する情報や専門的な知識を得られる地域の拠点でもあります。

相談から研修まで4つの役割

発達障害者支援センターの役割は、①相談支援、②発達支援、③就労支援、④普及啓発・研修の4つです（左図参照）。対人関係や生活上の悩み相談から、家族への療育のアドバイス、職場での問題への対応、正しい理解を広めるための講演、研修などまで広く行っています。

保健、医療、福祉、教育、労働などの関係機関とネットワークを築いていることも大きな特徴です。本人と家族が地域で健やかな暮らしができるよう、各方面と連携しながら総合的な支援体制づくりを進めています。

ただし、都道府県、政令指定都市に一か所設置すればよいため、自宅から遠く、相談者が集中していることもあります。地域により内容は異なるため、直接問い合わせるか、ホームページなどで確認しましょう。

発達障害者支援センターの役割

相談支援

本人と家族、また関係機関などからのさまざまな相談に対応。福祉サービスをはじめ、保健、医療、教育、労働などの関係各機関への紹介も行う。

発達支援

本人と家族、周囲の人の発達支援に関する相談に応じ、児童相談所、医療機関、知的障害者更生相談所などと連携しながら、発達検査や療育、支援を行う。

就労支援

ハローワーク、地域障害者職業センター、障害者就業・生活支援センターなどと連携し、就労希望者に情報を提供。必要に応じて学校や就労先を訪れ、助言、支援を行う。

普及啓発・研修

地域住民向けの講演会の開催、パンフレットやチラシの作成・配布のほか、保健、医療、福祉、教育、労働などの関係機関、行政職員などを対象にした研修を行う。

発達障害者支援センターへの相談例

家族からのよくある相談

- すぐにかんしゃくを起こす。なだめてもなかなか泣き止まない。
- 3歳児健診で発達が遅れていると言われ、途方に暮れている。
- コミュニケーションがうまくできず、学校で友だちができない。
- いくら言っても宿題をしない。宿題がなかなか進まない。
- 大学に行かなくなり、ひきこもりの状態が続いている。
- 家庭で自分勝手にふるまい、思い通りにならないと暴力をふるう。
- パートナーと会話が噛みあわない。理解できないところで怒る。

本人からのよくある相談

- 人と何を話していいかわからず、うまく会話ができない。
- 職場での指示を一度で理解できず、仕事が覚えられない。
- 就職しても長続きしない。日常生活もうまくいかないことが多い。

参考：東京都発達障害者支援センター（こどもTOSCA)HP

7

医療機関を受診して診断を受ける意味合い

申請時に診断書が必要となるケース

18歳未満

- 特別児童扶養手当の受給
- 障害者手帳の取得(18歳以上も)
- 通所施設の利用(市区町村によっては不要)
- 特別支援学級への入級(市区町村によっては不要)

18歳以上

- 障害福祉サービスの利用
- 障害年金の受給(20歳以上)
- 就労支援
- 特別障害者手当の受給

※ただし、市区町村、サービスの種類による違いもある。

診断を下せる専門医を受診する

わが子、または自分自身が発達障害であるのかどうかの診断を受けるには、精神科を受診します。ただし、どの医療機関でもよいわけではありません。発達障害の診療を行い、診断を下せる専門医のところへ行く必要があります。子どもの場合、児童精神科や小児科の発達外来などが候補として挙げられます。受診する前に連絡をして、診断が可能かどうか確認してください。

発達障害の診察、診断ができる専門医のリストを作成している都道府県、市区町村もあるので、チェックしてみるといいでしょう。現状では、受診を希望する人に対して専門医の数が限られていて、予約をして受診するまで数か月を要することが珍しくありません。

医師は本人を観察し、家庭や学校などでの行動、成育

医療機関の受診・診断までの流れ

予約

発達障害の診断ができる精神科医または小児科医を探して予約。

問診 診察 行動観察

【子どもの場合】
医師による言葉の発達、行動の特徴などの観察。人とのコミュニケーション、保育園などでの様子、知的障害の有無など成育歴を親から聞き取り。

【大人の場合】
日常生活や職場での困りごと、周囲のサポートなどを聞き取り。母子手帳、小学校の通知表や連絡ノート、子ども時代のエピソードのメモ、ビデオなどがあると役立つ。

各種検査

発達の度合いを調べる発達検査、知的障害の有無を調べる知能指数など。脳の器質（きしつ）的な疾患などを調べる脳波検査などを行うことも。

診断

問診、発達検査などにもとづき、総合的に判断。診断までに複数回の診察、検査などを要する場合が多い。

歴などの問診、さらには各種検査などから診断基準に基づいて診断を下します。

診断を受ける最大の意味は、適切な支援への入口になることです。障害者手帳などの取得、手当の受給、福祉サービスの利用などに診断書が必要となるからです。

子どもの場合、親が納得してから

ただし、発達障害の疑いがあれば、一刻も早く受診が必要だとはいえません。たとえば乳幼児期は、まだしばらく経過を見ないと診断できない可能性もあります。また、年齢や状況により診断名(P25参照)が変わることもあります。

子どもの場合、年齢、困りごとの内容、サポート体制などを総合的に考えあわせ、親が十分に納得したうえで受診しましょう。診断を受けることで特性に合わせた対応が見えてくる一方、レッテルを貼るようで将来への不安が増してしまう人もいます。診断書がなくとも利用できる福祉サービスもありますから、保健センターや医療機関以外の専門機関にまずは相談してみるのも、ひとつの方法です。

8

うつ病、不安障害など起こりえる問題

無理解と不適切な対応により悪化

発達障害がある人のふるまいは、周囲から否定的にとらえられがちです。以前より理解が進んだとはいえ、不適切な対応が続くと、さらなる問題が起こりえます。

本人のなかで「いつも叱られてばかり」「一生懸命やってもうまくいかない」といった思いが積み重なれば、当然、ストレス過多となります。学校や職場での失敗と叱責が続くと、つらさはさらに強まります。無理解からいじめにあうケースも珍しくありません。

否定的な評価や非難ばかりでは自尊心が傷つき、ポジティブな自己イメージをもてなくなります。そうしたなかで心身に変調をきたし、うつ病、不安障害、適応障害、依存症などが起こることがあります。二次的に引き起こされた障害であるため、二次障害と呼ばれます。

反抗や暴力を引き起こすことも

大人になって発達障害と診断された人のなかには、うつ病での受診がきっかけになったケースが多くあります。「うまくいかない原因と対応の仕方がわかって救われた」という声もよく聞かれます。

一方、子どもの場合、二次障害として反抗的な行動を示す反抗挑戦性障害(はんこうちょうせんせい)、物を破壊するなどの暴力、非行などがあらわれることがあります。対人恐怖などからひきこもりに至ってしまうケースも見られます。

不適切な対応が続くことで、もともとの発達障害の特性が強くあらわれる場合もあります。自閉スペクトラム症ではこだわり、パニック、注意欠如・多動症では不注意や衝動性などが増すということです。それぞれの特性に合う支援、環境づくりによる予防、改善が重要です。

発達障害の二次障害に至る例

周囲から理解されない、適切な対応が得られない

↓

失敗体験の蓄積

日常生活の生きづらさ
家庭での問題行動
学校、職場でのトラブル
いじめ

↓ **さらなる非難、叱責**

自尊心の低下

自信喪失、自己肯定感の低下、
劣等感、不安
ストレス増大
不安定な精神状態

↓ **無理解**

二次障害

不安障害
うつ病
適応障害
依存症
反抗挑戦性障害

※二次障害のあらわれ方には、個別のケースによる違いがあります。

「精神障害者保健福祉手帳」「療育手帳」を取得する意味合い

「療育手帳」には地域差がある

一般的に「障害者手帳」と呼ばれる手帳には、「精神障害者保健福祉手帳」「身体障害者手帳」「療育手帳」の3つがあります。このなかで発達障害が対象に含まれるのが「精神障害者保健福祉手帳」。精神疾患により日常生活に支障がある人のためのもので、障害の程度により1級から3級までの等級があります。

知的障害をともなう発達障害がある人は、「療育手帳」を併せて取得できる場合もあります。障害が重複する場合は、複数の手帳の交付を受けられます。

「療育手帳」は国ではなく自治体が運用しているため、住む地域により認定基準などが異なります。知能指数は70～75がおよその上限で、等級は基本的に重度と軽度に区分されます。

手帳の取得はあくまで任意

発達障害は見た目ではわかりにくいだけに、障害者手帳は障害の公的な証明として役立ちます。必要とするサポートを受けやすくなり、迷子になったときなど緊急時の身分証明として親の安心感につながるともいわれます。特別支援教育や障害者雇用などの選択肢が広がるほか、交通機関など各種料金の割引、税金の控除、レジャー施設の割引など、経済面の支援もあります。

ただし、手帳を取得するかどうかはあくまで任意です。本人や家族が強く抵抗を感じるなら、メリットとデメリットを十分考えあわせて決めましょう。とくに子どもの場合、手帳がなくても児童福祉法により利用できる福祉サービスがたくさんあります。また、症状が軽減したら、手帳を返納したり、更新しないこともできます。

障害者手帳の種類

名称	対象
精神障害者保健福祉手帳	うつ病、そううつ病などの気分障害、統合失調症、てんかん、薬物依存症、高次脳機能障害、発達障害など。一定程度の精神障害の状態にあることを認定。
療育手帳	18歳未満は児童相談所、18歳以上は知的障害者更生相談所で知的障害があると判定された人に交付。東京都の「愛の手帳」、名古屋市の「愛護手帳」など独自の名称もある。
身体障害者手帳	身体の機能に一定以上の障害があると認められた人に交付。視覚障害、聴覚障害、肢体不自由など、それぞれに対象となる障害の程度が定められている。

＊いずれの手帳も障害者総合支援法の対象となり、さまざまな支援が受けられる。各自治体の独自のサービスなどもある。

精神障害者保健福祉手帳と療育手帳の等級・更新

種類	等級		更新
精神障害者保健福祉手帳 障害者手帳 ●●県	**1級**	常に人の支援を得なければ日常生活ができないほどの状態。	•有効期限は交付日から2年間。 •2年ごとに診断書を添えて更新を申請し、等級の審査を受ける。
	2級	常に人の支援を必要とするほどではないが、日常生活が困難。	
	3級	支援や配慮を受けて就労も可能だが、日常生活や社会生活で何かしらの制限を受けている状態。	
療育手帳 療育手帳 ●●県	**重度(A)**	①知能指数がおおむね35以下で、食事、着脱衣、排便及び洗面等、日常生活の介助を必要とするか、異食、興奮などの問題行動がある場合。②知能指数がおおむね50以下で、盲、ろうあ、肢体不自由などがある場合。	•知的水準は18歳未満では変動するため2〜6年ごと。 •18歳以上は10年〜無期限。
	軽度(B)	重度(A)以外。	

※1度(最重度)～4度(軽度)の4区分の自治体もある。

10

「精神障害者保健福祉手帳」「療育手帳」の申請の仕方

診断書など必要書類をそろえて提出

「精神障害者保健福祉手帳」の交付を希望する場合、まず市区町村の担当窓口で相談し、必要な書式を入手します。担当窓口は障害者福祉課、保健センターなど自治体により名称が異なるため、ホームページなどで確認するといいでしょう。15歳未満では保護者が申請します。

申請には、所定の様式の診断書が求められるので主治医に作成を依頼します。初めて発達障害で精神科を受診してから6か月を経ないと申請できないため、診断書の日付はその初診日から6か月を経た日でないといけません。障害年金をすでに受給している場合、診断書の代わりに証書の写しを提出すればよい場合もあります。

申請後、判定が行われ、手帳が交付されるまでには1～3か月程度かかります。

「療育手帳」は児童相談所で判定

「療育手帳」についても、市区町村の窓口または児童相談所で相談し、必要書類などを確認します。基本的に、医師の意見書などを準備する必要はありません。

18歳未満の場合は児童相談所で判定が行われ、心理判定員や小児科医による本人との面接、聞き取り、知能検査などの結果、手帳の交付と障害の程度が決定します。18歳以上では知的障害者更生相談所での判定となります。手帳は2か月ほどで交付されます。

いずれの手帳についても、取得するだけで支援がスタートするものではありません。利用できる福祉サービスを網羅した冊子を入手し、それぞれに適したサービスを選んで申請する必要があります。身分証明にしたい場合など、サービスを利用しなくとも問題はありません。

精神障害者保健福祉手帳の申請方法

① 市区町村の窓口に申請

本人写真

診断書

マイナンバーカード

〈必要書類〉
※自治体により必要書類は異なる。

申請書、本人の写真（縦4㎝×横3㎝、上半身）、**診断書**（初診日から6か月以上経過してから、精神保健指定医または精神障害の診断または治療に従事する医師が記載したもの、精神科以外の科を受診している場合、その専門医が作成したもの）、または精神障害による障害年金の受給者は証書の写し。**本人の個人番号確認書類、身元確認書類**など。

② 判定

市区町村を通じて都道府県知事または政令指定都市の市長に申請が行われ、精神保健福祉センターで審査、区分判定が行われる。

③ 交付

障害者手帳 ◎◎県

承認されれば手帳を交付。不承認の場合は不承認通知書が送られる。

療育手帳の申請方法

① 市区町村の窓口に申請

※児童相談所で判定を受けた後、結果を市区町村の窓口に提出する自治体もある。

本人写真

マイナンバーカード

資料

〈必要書類〉
※自治体により必要書類は異なる。

申請書、本人の写真（縦4㎝×横3㎝、上半身）、**本人の個人番号確認書類、身元確認書類**など。18歳以上の場合、母子手帳、幼少期の状況がわかる資料。

② 判定

児童相談所の面接、聞き取り、知能検査など。18歳以上の場合は、知的障害者更生相談所が判定。

③ 交付

療育手帳 ◎◎県

承認されれば手帳を交付。または不交付通知書が送付される。

「特別児童扶養手当」「障害児福祉手当」「特別支援教育就学奨励費」などの申請

国による経済支援は全国一律

発達障害のある子どもを育てるには、経済的な負担もかかります。国や自治体には、障害がある人の扶養（ふよう）、介護などの負担を軽減するための福祉手当の制度があるので、市区町村の窓口に問い合わせてみましょう。対象に該当しても申請しなければ支給は始まりません。

「特別児童扶養手当」「障害児福祉手当」は国の制度なので全国どこでも同じ条件で同額が支給されます。いずれも本人が20歳になるまで支給され、父母などの所得が一定額を超えると対象からはずれます。障害の程度は障害者手帳の等級が目安とされますが、手帳がなくとも指定医の診断により判定を受けることは可能です。

20歳以上では「特別障害者手当」の制度があります。精神や体に重度の障害があり、常に特別な介護を必要とする特別障害者が対象です。

教育費の一部を補助する制度も

障害のある子どもの小中学校での教育費の一部を補助する制度として、「特別支援教育就学奨励費」があります。特別支援学校、特別支援学級に加え、通常の学級、私立学校で学ぶ子どもも対象となります。

補助されるのは、通学費、給食費、教科書費、学用品費、修学旅行費など。学用品費などは限度額が設定されている一方、通学費のように実費支給されるものもあります。入学前に購入するランドセル、制服なども対象となりますから、領収書を保管しておきましょう。

この制度では、国と自治体が家庭の経済状況に応じて支給を行います。このため、住んでいる地域により認定の基準、補助率、支給額などが異なります。

発達障害のある子どもへの経済支援

名称	特別児童扶養手当	障害児福祉手当	特別支援教育就学奨励費
対象	•精神や身体に障害がある20歳未満の人。 1級／おおむね身体障害者手帳1級・2級、療育手帳A判定程度。 2級／おおむね身体障害者手帳3級・4級、療育手帳B判定程度。	•精神または体に重度の障害がある20歳未満の人。 •おおむね身体障害者手帳1級・2級、療育手帳A判定程度。	•特別支援学校(幼稚部～高等部)、小中学校の特別支援学級の在籍者、学校教育法施行令第22条の3にあてはまる障害がある通常学級の在籍者。
支給金額 ※令和5年度改定額	1級／53,700円(月額) 2級／35,760円(月額) •年4回(2・5・8・11月)、前月分までを指定口座に振込。	15,220円(月額) •年4回(2・5・8・11月)、前月分までを指定口座に振込。	•通学費、給食費、教科書費、学用品費、修学旅行費、新入学学用品購入費、校外活動費、職場実習交通費など。 •世帯収入に応じた全額補助、半額補助、一部補助などの支給区分があり、自治体により異なる。
条件	•所得制限限度額は扶養数などにより異なる。 •その子どもが児童福祉施設に入所している場合、障害を理由として公的年金を受けている場合は、対象外。	•所得制限の限度額は扶養数などにより異なる。 •その子どもが児童福祉施設に入所している場合、障害を理由として公的年金を受けている場合は、対象外。 •特別児童扶養手当との併給は可能。	•所得制限は扶養数などにより異なる。 •その子どもが児童福祉施設などに入所している場合は対象外。
必要書類	•認定請求書、所定の様式の診断書、請求者と対象児童の戸籍謄本、マイナンバー確認書類、振込口座を確認できる通帳など。	•認定請求書、所定の様式の診断書、請求者と対象児童の戸籍謄本、マイナンバー確認書類、振込口座を確認できる通帳など。	•受給調書、交通調書、支払金口座振替依頼書、所得確認書類(課税・非課税証明書)など。 •毎年、学校を通して手続きを行う。

12

保護者に対するサポートを受けることも検討する

一時的な休息がとれるレスパイト

子どもが発達障害と診断されたら、本人への支援に加え、保護者がサポートを受けることも重要です。ストレス過剰で不安な状態のまま奔走（ほんそう）していたら、心身ともに疲弊（ひへい）してしまうでしょう。発達障害の子をもつ親はうつ病の発症率が高いとする研究も多くありますし、虐待のリスクも高まります。

休息をとるために役立つのが、障害児をもつ家族への「日中一時支援事業」です。自治体により事業の内容や実施状況は異なりますが、障害者支援施設や児童福祉施設などで日中に子どもを預かるサービスです。仕事の時間帯に預かることで家族の就労支援につながる「タイムケア」、買い物やリフレッシュにも利用できる「レスパイト」などがあります。

自治体の日中一時支援事業

事業内容	**「タイムケア」** 家族が働いている時間帯に預かるサービス。 **「レスパイト」** 買い物、気分転換のための外出時などに一時的に預かる。就労していなくとも利用可能。
対象	障害児のいる家族。障害児の年齢制限はなし。
料金	基本的に費用の1割を負担。世帯の収入により異なる。
申請先	自治体の障害者福祉課など担当窓口。

発達障害支援施策の家族支援

ペアレント・トレーニングとは

- 子どもの良いところ探し＆ほめる
- 行動理解
- 環境調整（行動が起きる前の工夫）
- 子どもの不適切な行動への対応
- 子どもが達成しやすい指示
- 子どもの行動の3つのタイプわけ※

親が学ぶこと（プログラムの核）

※「好ましい行動」「好ましくない行動」「許しがたい行動」の3タイプそれぞれへの対応
資料：厚生労働省HP「ペアレント・トレーニング実践ガイドブック」

ペアレント・メンターとは

- 「メンター」とは、信頼のおける相談相手。
- 遊び場、友だちづきあいなどの悩みに対応。
- 親の会、子育てサークルの相談会などで出会える。

経験者の助言、親が学ぶ場も

厚生労働省の発達障害支援施策でも家族への支援事業が位置づけられ、各自治体がさまざまな取り組みを進めています。たとえば、発達障害のある子どもを育てた経験者が「ペアレント・メンター」となり、診断を受けたばかりの保護者の相談を受けるしくみがあります。専門家には聞きにくいことも質問しやすく、実体験にもとづく助言や情報などサポートが得られます。

一方、親が子どもとのより良い接し方を学べるのが「ペアレント・トレーニング」です。親の肯定的な働きかけで子どもの発達を促し、望ましい行動を増やして不適切な行動を減らすなど具体的な養育スキル、専門的な知識を身につけられます。ほめ方、指示の仕方、対応の仕方などを変え、困りごとの解消を目指します。

自治体の支援以外にも、当事者団体、親の会などが各地でサポートを行っています。学習障害、注意欠如・多動症、自閉スペクトラム症など障害ごとの団体もあります。発達障害者支援センターや保健センターなどで情報を集めるといいでしょう。

Case 1

公立の幼稚園に入園したAさん。お母さんは園での様子が気がかりでしたが、先生から「問題なく過ごしてますよ」と聞いたので、安心していました。

ところが、半年後の参観日、お母さんが目にしたのはAさんが園庭の隅でひとりで遊ぶ姿でした。親子遠足でもほかの子たちの輪に入らず、お弁当も無表情のままひとりで食べようとしていました。

Aさん（4歳・女性）
知的障害なし
後にアスペルガー症候群の診断

療育につながり、友達もできた

わが子がほかの子とうまく交流できないと気づいたお母さんは、「これはなんとかしなければいけない」と考えました。保健センターなどに相談し、本やインターネットなどで情報を集め、わが子のためにできること、合う方法を探しました。

そのなかで、住んでいる地域にある児童発達支援センターの存在を知り、通うことになりました。電話で問い合わせ、親子で見学をしたところ、本人も気に入った様子だったので、そこからは迷いはなかったといいます。

Aさんは療育につながったことで成長し、集団生活に適応していきました。幼稚園で友達関係を築いて、みんなと楽しく遊べるようになったのです。集団のなかで自分の役割を見つけ、困っているお友達の手助けをすることもできるようになりました。

発達障害の可能性に気づかないまま、幼稚園や保育園に入るケースは多くあります。入園後も集団の中で埋もれてしまい、気づかれないことがあります。

そこで大切なのが、親御さんが実際に見に行く機会をもつことです。実際に見て課題があると明らかになれば、専門機関に相談するなどしてスムーズに療育につなげることができます。

Case 2

大学に入学したBさんは、いろいろなことがうまくいかず、悩んでいました。高校までは大きな問題もなく過ごしてきたのに、大学は何もかもが違っていて、ほかの人たちからすっかり取り残されたように感じていました。

ほかの学生が勉強、友達づき合い、アルバイトなどを楽しそうにこなしていることが、Bさんにはまるで理解できませんでした。

Bさん（20歳・男性）
知的障害なし
注意欠如・多動症

相談を通して課題と対応策が見えてきた

必要な支援を受けるには、まず課題を明確にしなければなりません。Bさんは「何をやってもうまくいかない」「よくわからないけど、うまくいかない」と漠然と思い悩んでいて、何が課題なのかはっきり認識できていませんでした。

お母さんがBさんの落ち込んでいる様子を心配し、「とにかく学生相談室に相談してみなさい」と説得しました。Bさんがおそるおそる学生相談室を訪ねたところ、支援員はBさんからうまく話を聞き出し、課題をはっきりさせて整理し、対応策を提案してくれました。Bさんにとってラッキーなことに、とても勘がよく、話を引き出すのが上手な支援員だったのです。

Bさんはアドバイスに従い、教務課で単位について相談したり、担当教員に困っている状況を説明したりしました。少しずつ前に進めるようになり、中退せずにもう少し頑張ってみようと思えるように変わっていきました。

高校までと違い、大学では自分で判断しなければいけないことが多くなり、発達障害の特性からつまずいてしまう人が多くいます。うまくいかないと悩んでいるときは、学生相談室など身近な支援システムを利用してみることが第一歩となるでしょう。

どんなふうに相談すればいいのかという相談の仕方、支援の利用の仕方を練習しておくと、就職にも、就職後にも役立ちます。

発達障害が完治する薬、治療法はない

「発達障害の治療法」と聞くと、治療を受ければ定型発達者のようになるのだとイメージする人もいるでしょう。実際には、発達障害は生まれついての脳の働き方の特性によりますから、それを根本的に変えて定型発達者と同じにすることはできません。

代表的な治療法のひとつに、薬物療法があります。発達障害の診療にあたる小児科医、精神科医、心療内科医などの医師が、患者それぞれの特性や症状、状況に応じて行います。受診すれば必ずしも薬が出されるわけではありません。

投薬の目的は、生活を困難にする著しい症状やうつ病などの二次障害、精神的な不調などを緩和させることです。「この診断名なら、この薬が効果がある」といった単純な図式は成り立ちませんし、発達障害そのものを治す薬もありません。薬を服用すれば副作用が出ることもあるので、ほかのアプローチとあわせて慎重に行われます。

薬物療法をはじめ、さまざまな療法の目的は、日常での困りごとを軽減し、円滑に生活できるようにすることです。学校や職場、地域でのトラブルを減らし、周囲の人たちとの関係を改善する方法を探り、いろいろな方面からの働きかけを行います。

また、インターネットなどで「自閉スペクトラム症に効果がある画期的な療法」といった宣伝文句を目にすると興味をひかれるでしょうが、民間療法や保険適用外のものには慎重になったほうがいいでしょう。信頼性を入念に確認することが大切です。

2章

幼児期の支援

発達障害の早期発見に役立つ乳幼児健診

1歳6か月と3歳は法定の健診

日本では、すべての子どもを対象として乳幼児健診(正式には乳幼児健康診査)が行われています。その目的は、心身の発達の遅れがないか、まだ見つかっていない病気などがないか見ることです。発達障害についても十分に留意され、早期発見につながる内容となっています。

母子保健法にもとづくものが、「1歳6か月児健診」と「3歳児健診」です。市区町村が実施し、地域の保健センターや委託先の医療機関などで受けます。1歳6か月は言葉が出始め、ひとり歩きができるようになり、遊びやコミュニケーションなどの発達が確認できるようになる時期とされています。3歳では言葉の理解とコミュニケーション、行動面などの発達の状況、虫歯の有無などを確認します。

このふたつ以外にも、多くの市区町村が「3〜4か月児健診」を行っています。さらに、「6〜7か月児健診」「9〜10か月児健診」などを実施している自治体もあります。

心配なことを相談する良い機会

いずれの健診でも、身体的な発育状況、病気の有無などとともに、精神発達の状況、言語障害の有無、問題となる事柄などをチェックしていき、保護者の話を聞き取ります。兄弟姉妹やまわりの子どもと比べて日頃から気になっていること、心配事などを相談する良い機会です。

問診は医師や保健師が行い、検査項目や必要に応じて歯科医師、心理相談員や栄養士などの専門家が加わり、個別に相談にのってくれます。

発達障害は即座に診断がつくものではありませんが、健診は支援を得る入口となります。

乳幼児健診で確認するおもなポイント

3〜4か月児健診

- 姿勢や手足の動き
- 体重が順調に増えているか
- 目を合わせたり、声をかけたり、笑いかけたりしたときの反応はどうか
- 首がすわっているか
- 股関節脱臼（だっきゅう）はないか

6〜7か月児健診

- 寝返りができるか
- ほしいものに手を伸ばしてつかむか
- テレビなど音のする方向を見るか
- 手をついてお座りができるか
- 顔に布などを掛けると自分で払いのけるか

9〜10か月児健診

- お座りやつかまり立ち、つたい歩きができるか
- 指先で小さなものをつまむことができるか
- 「ちょうだい」「ダメ」などの言葉が通じるか
- 「マンマンマン…」など意味のない言葉を発するか
- 「バイバイ」などの身ぶりを真似するか

1歳6か月児健診

- ひとり歩きができるか
- 意味のある言葉が出ているか
- 興味のあるものを指差しするか
- ほかの子どもに興味を示すか
- 親子で一緒に遊ぶことができるか

3歳児健診

- 名前と年齢を言えるか
- 視線を合わせるか
- 3語文を話すか
- おままごとの役を演じられるか
- 階段をひとりで上ることができるか

※クリアできない項目があっても、問題や病気があるとは限りません。

2

保健センター、子ども家庭支援センター、児童相談所など初めての相談先を選ぶ

身近な相談先となる保健センター

子どもの発達について心配なときは、乳幼児健診を待たずとも自治体の相談窓口を利用することができます。公的な機関の相談は無料です。

「病院で診てもらうべきだろうか」と思い悩み、先延ばしになってしまうよりは、早めに相談したほうがいいでしょう。専門医の予約をとろうとすると数か月先になることもよくあります。

身近な相談先として、第一に挙げられるのが保健センターです。乳児のいる家庭を訪問する乳児家庭全戸訪問事業(こんにちは赤ちゃん事業)や乳幼児健診を行う機関ですから、担当の保健師とはすでに面識があるでしょう。乳児のころからの記録があり、看護師や栄養士、心理士などが在籍していることも多く、相談にのってくれます。

市区町村の子ども家庭支援センター

児童相談所は虐待に対応する機関と思われがちですが、発達状況や気になる行動など子育ての相談を幅広く受けています。「イライラして手を上げてしまいそう」といった悩みにも対応します。医師、心理士、ケースワーカーらが在籍し、必要に応じて診断や投薬も行われます。

ただ、児童相談所は都道府県、政令指定都市が設置するため、場所が遠かったり、すぐには対応できなかったりすることも多くあります。そこでより身近な機関として市区町村に置かれるようになったのが、子ども家庭支援センターです。家庭児童相談員が保健師、心理士、ソーシャルワーカーなどとともに対応します。

もちろん、1章のP30で紹介した「発達障害者支援センター」は専門機関ですから、心強い相談先です。

発達障害に関する相談先

こんなときは早めに相談

「うちの子は発達障害かもしれない」
「病院に行って診断を受けるべきなのか」
「子どもにどう対応したらいいかわからない」
「何か支援を受けたほうがいいのかも」

無料で相談できる公的機関

名称	保健センター	児童相談所	子ども家庭支援センター
対象	母親の妊娠中に始まり、0歳から高齢まで年齢を問わない。	障害の有無にかかわらず、18歳未満のすべての子ども。	18歳未満のすべての子ども。
特徴	・市区町村が設置。 ・乳幼児の保健指導、健診を行うほか、子育て相談に広く対応。 ・都道府県や政令都市などが設置する保健所をより身近にした機関。	・発達障害、知的障害、身体障害に関する相談、子育て、健康管理全般の相談に応じる。 ・必要に応じて障害者手帳の交付なども行っている。	・子どもと子育て家庭のあらゆる相談に応じる機関。 ・身近な相談先として市区町村が設置。 ・子育てに関する地域の情報が豊富。

どこに相談するか迷ったら

住んでいる地域の相談先がわからないときは、市区町村の児童福祉または障害者福祉の関連部署に問い合わせを。

3 就学前の子が療育を受けられる3つの通所施設

サービスの内容はそれぞれ異なる

児童福祉法で定められた障害福祉サービスに、「障害児通所支援」があります。小学校に上がる前の障害がある子どもが通い、発達支援を受けられる通所施設としては3種類があります。

第一に、地域の中核となる療育支援施設が児童発達支援センターです。障害のある子どもの発達支援を行うとともに、その家族への支援も行います。地域により名称が異なる場合もあります。第二が、児童発達支援事業所。利用者が通いやすいように地域に多く設置され、児童発達支援センターよりも身近な療育の場です。

どちらの施設でも、食事、着替え、トイレなど日常生活の基本的な動作の指導、機能訓練などが行われます。具体的な内容は施設によりさまざまですが、遊びや学びの場を設けてコミュニケーションや学習の方法を身につけ、集団生活になじむトレーニングもあります。毎日通う施設もありますが、多くは週に数回の通所です。

第三の通所施設は、医療型児童発達支援センターです。医療が必要な障害児に発達支援と医療的ケアを行います。

3歳から就学までは無料

3つの通所施設は、障害者手帳の有無にかかわらず、市区町村と医師が必要と判断すれば利用できます。障害福祉課や保健センターなどで利用について相談し、次に、子どもに合いそうな通所施設の見学に行きましょう。

費用の自己負担は1割で、世帯収入に応じて上限が定められ、幼児教育の無償化によって3歳から就学までは無料です。医療型は健康保険が適用され、乳幼児の医療費助成制度がある自治体では無料または数百円程度です。

就学前の通所施設

名称	児童発達支援センター	児童発達支援事業所	医療型児童発達支援センター
対象	発達障害、知的障害、肢体不自由、難聴、重症心身障害などがある未就学の子ども。	発達障害、知的障害、肢体不自由、難聴、重症心身障害などがある未就学の子ども。	上肢、下肢または体幹機能に障害があり、医師の診断により支援が必要と認められた未就学の子ども。
内容	• 地域の中核的な療育支援施設。 • 生活能力の向上、集団生活への適応に向けた訓練、困りごとを解消する支援を行う。 • 特定の障害に特化し、専門的訓練を行う施設もある。	• 身近な療育の場。生活能力の向上、集団生活への適応に向けた訓練、困りごとを解消する支援を行う。 • 特定の障害に特化し、専門的訓練を行う施設もある。	• 日常生活の基本動作の指導、理学療法などの機能訓練などとあわせて治療を行う。

利用したときの月ごとの利用者負担上限

区分	世帯の収入状況	負担上限月額
生活保護	生活保護受給世帯	0円
低所得	市町村民税非課税世帯	0円
一般1	市町村民税課税世帯 (所得割28万円未満※)	4,600円
一般2	上記以外	37,200円

※収入がおおむね890万円以下の世帯が対象となる。

出典：厚生労働省 HP「障害者福祉：障害児の利用者負担」

通所施設利用のためには「通所受給者証」が必要

利用したい施設を決めてから申請

就学前の子どもが通所施設を利用するには、まず「通所受給者証」を取得する必要があります。この「通所受給者証」は、「保育所等訪問支援」（Ｐ62参照）、「放課後等デイサービス」（Ｐ86参照）などの利用でも必要です。

気をつけたいのが、前もって利用する施設を決めてから申請することです。もちろん、あらかじめ市区町村の窓口や保健センターなどで、子どもの様子や困りごと、希望するサービスなどを相談しておくと安心です。何か所か候補を見学してみて、希望に合う施設を見つけたら、利用可能かどうか空き状況を確認して内諾（ないだく）をもらいます。

市区町村の窓口に提出する書類は、世帯の所得を証明する納税証明書、取得している場合は障害者手帳など、自治体によって異なります。

受給者証の取得後、施設と契約

申請にあたっては、「障害児支援利用計画案」が必要になります。これは市区町村が指定する相談支援事業者に依頼して作成するもので、次の項で取り上げます。

市区町村は申請を受けると担当者が親子と面接したり、障害児支援利用計画案を確認するなどします。子どもの状態を見て、利用要件を満たしているか、月に何回の利用かなどを聞き取り、審査が行われます。

その後、サービスの支給が決定すると「通所受給者証」が自宅に送られてきます。受給者証には提供されるサービスの利用頻度などが記されています。

この後で、通所受給者証を施設に提示して契約し、利用が始まります。申請から交付までは2週間から1か月、さらに時間がかかる場合もあるので注意しましょう。

通所施設を利用する流れ

通所施設の見学・決定

数か所見学し、希望に合い、空きがある施設を選ぶ。

「受給者証」を申請

市区町村の窓口で申請。交付まで2週間〜1か月程度。

「障害児支援利用計画案」を作成・提出

P56参照

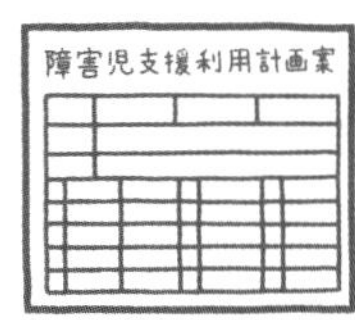

面接調査・審査

障害の種類や程度、サービスの内容などの調査。

「通所受給者証」の交付

施設と契約・利用開始

5 通所施設利用にあたり相談支援事業者が「障害児支援利用計画」を作成

相談支援専門員が計画を作成

前項で述べたように、通所施設で療育を受けるには、「障害児支援利用計画案」の提出が必要です。その作成にあたるのは、市区町村が指定する障害児相談支援事業者の相談支援専門員です。少々複雑でわかりにくいでしょうが、申請窓口や利用する施設とはまた別に、相談支援事業者という存在に依頼する必要が出てくるのです（詳細はP178参照）。

担当となった相談支援専門員は、子どもの心身の状態、環境、課題、保護者の意向などを聞き取り、「障害児支援利用計画案」を作成します。審査の結果、通所施設を利用できるようになったら、施設などと連携しながら、今度は「障害児支援利用計画」を作成します。どのサービスをどう組み合わせて支援していくかを示すものです。

「セルフプラン」が認められることもあり

このように、一般的には施設の利用計画はプロに依頼して作成してもらいますが、親や本人自らが立てた「セルフプラン」が認められるケースもあります。通所施設利用の申請にあたり、セルフプランで審査を受けたい場合は、あらかじめ窓口で可能かどうか確認しておきましょう。

また、障害児支援利用計画は一度作れば終わりではありません。一定期間ごとに相談支援事業者の相談支援専門員がモニタリングと見直しを行います。適切なサービスを受けられているか検討するため、本人、家族らと面接を行い、生活全般についても確認します。その結果、必要があれば利用計画を変更し、更新などの申請につなげます。

障害児支援利用計画とは？

「障害児支援利用計画案」作成

相談支援専門員がその子どもに最適なサービスを検討し、計画案にまとめる。

通所施設との連絡調整

申請が認められると、相談支援専門員が利用施設などと連絡をとり、調整を行う。

「障害児支援利用計画」の作成

「障害児支援利用計画案」の内容について本人と親の同意を得て、「障害児支援利用計画」を作成。

モニタリング／アセスメント

一定期間が経つと、相談支援専門員がサービスの利用状況を検証。「障害児支援利用計画」の見直しを行う。

障害児支援利用計画の例

障害児支援利用計画

利用者名	○○　○○	障害程度区分		相談支援事業者名	○○相談支援センター
作成日	20××年○月△日	モニタリング期間 （開始年月）	20××年□月・□月	利用者（代理人） 同意署名欄	○○　○○

利用者及びその家族の生活に対する意向（希望する生活）	本人➡（ぼくのことを）わかってくれるところで安心して楽しく過ごしたい。 ご家族➡いろいろな経験をして成長してほしい。言葉が増えたり、身のまわりのことができるようになってほしい。
長期目標	（概ね1年後）児童発達支援を受けながら、本児の成長を促す。
短期目標	（概ね6か月後）全体の生活リズムや環境に慣れ、安定して過ごす。

優先順位	解決すべき課題（本人のニーズ）	支援目標	達成期間	福祉サービス等 種類・内容・量（頻度・時間）	評価時期	その他留意事項
1	本人➡楽しく遊びたい。 ご家族➡楽しく過ごしながら言葉が増えてほしい。お友達と遊べるようになってほしい。	本人の興味関心や理解に合わせた活動を提供し、のびのび楽しく過ごせるようにする。	1年	児童発達支援　月○日 ①○○児童発達センター　月○日 ②××リズム教室　月×日	半年ごと	
2	ご家族➡両親が就労しているため、療育への送迎をサポートしてほしい。	ヘルパーと安全に移動する。		移動支援　月□□時間 ①□□ヘルパー事業所		

通所施設で作成される目標、方針などの「個別支援計画」

提供されるサービスを具体的に記載

通所施設での療育が決まると、その事業所のサービス管理責任者が「個別支援計画」を作成します。その子どもの日常生活の状況、置かれている環境などを把握し、親や本人がどのような生活を希望しているのか、改善したい課題は何かなどを考慮し、いかなる支援が適切かを検討したうえで作成されるものです。

「障害児支援利用計画と、どこが違うのか」と思った人も多いでしょう。「障害児支援利用計画」が総合的な支援の計画であるのに対して（P56参照）、「個別支援計画」にはそれぞれの事業所が提供するサービスや目標が具体的に記されます。

ですから、「個別支援計画」を作成するのは、就学前の通所施設に限りません。就学後の通所施設はもちろん、その子どもの支援にあたる医療、保健、福祉、教育、労働等の関係機関ごとに作られ、情報共有に役立てられます。

成長発達の歩みがわかる記録に

「個別支援計画」の作成にあたるのは事業所のサービス管理責任者ですが、事業所でその子どもの支援に関わる担当者が集まって会議が開かれ、話し合いが行われます。そのうえで親と子どもの同意を得て完成します。

以降は、「障害児支援利用計画」と同じように、一定期間ごとにモニタリングが行われます。作りっぱなしではなく、少なくとも半年に一度は計画の実施状況が確認され、必要に応じて変更が加えられます。

ですから、「個別支援計画」は、その子どもの成長発達の記録となります。いつどのような支援を受け、成長してきたかがわかる貴重な記録です。

個別支援計画とは？

通所施設の利用が決定

「個別支援計画」を作成

- 具体的なサービス、目標などを記載。
- 施設のサービス管理責任者が子どもの状況、希望などを確認して作成。

モニタリング

- 少なくとも半年に一度は内容を確認。
- 必要に応じて変更を加えた計画を作成。

子どもの成長発達の貴重な記録に！

個別支援計画の例

個別支援計画

利用者名【○○　○○○さん】　　作成日：20××年　○月△日

到達目標		
	長期目標	気持ちや要求を表現し、集団活動を楽しみ、幼稚園への移行の準備をする。
	短期目標	衣服の着脱について、自分でできることが増えると同時に「できた」という経験を増やす。

項目	具体的な支援目標	支援内容・留意点等	支援期間（頻度、時間、期間等）	サービス提供機関（提供者、担当者等）	優先順位
発達支援（言語・コミュニケーション）	自分の気持ちや要求を少しずつサインで伝えられるようになる。	個別活動の際、身振りなどで意思の伝達ができるように支援する。	6カ月（週3日）	担当スタッフ ○○ ○○	1
発達支援（人間関係・社会性）	他児と同じ活動に参加をし楽しめるようになる。	他児とのやりとり遊びを設定する。他児と手をつないだり、役割のある遊びや活動を通して、他児を意識できるよう支援する。	6カ月（週3日）	担当スタッフ ○○ ○○	2
移行支援	幼稚園に通園して、他児と一緒に活動ができるように、幼稚園の先生と話し合う。	併行通園を予定している幼稚園と、本児の状況や支援内容について情報を共有する。またケース会の際には、幼稚園の先生も参加してもらう。	6カ月	児童発達支援管理責任者、担当スタッフ、幼稚園担任の先生	1
家族支援	本児について、3カ月に1回、話し合う機会を持つ。	保護者面談の機会を3カ月に1回設定し、登園の様子を丁寧に伝える。同時に家庭での様子を聞き取り、情報交換を行う。さらに、保護者の心配事に対する助言を行う。	6カ月	児童発達支援管理責任者、担当スタッフ、保護者	3
地域支援	本児の成長、発達を見据え、顔の見える連携を関係機関と図れるようにする。	地域の保育園や幼稚園などと交流しながら、職員間の連携も図る。また、自立支援協議会に参加し、役割分担を担いながら本児の支援ができるようにする。	6カ月	児童発達支援管理責任者、担当スタッフ	4

20XX年　○月○日　　保護者氏名【○○　○○　印】　　児童発達支援管理責任者【○○○　○○　印】

7 必要性が認められれば短期の預かり、入所施設の利用なども可能

夜間・休日と短期の預かり

障害の有無にかかわらず、子育てをサポートする制度のなかに「子育て短期支援事業」があります。親の病気や仕事などで家庭での養育が難しいと認められた場合に、一時的に児童養護施設などで子どもを預かるものです。18歳まで利用できます。

この「子育て短期支援事業」には、2種類があります。保育園などが閉まっている夜間、休日などに短時間養護するのが、「夜間養護等(トワイライトステイ)事業」です。一方、数日間の入所となるのが「短期入所生活援助(ショートステイ)事業」。こちらは親が疲弊してしまったときや冠婚葬祭などでも利用できます。

「預け先がない」「心も体も限界かも……」と思い悩んでいる場合は、市区町村の窓口に相談してみましょう。

福祉型・医療型の障害児入所施設

障害のある子どもが、一時的ではなく入所して生活する施設もあります。児童相談所や医師の判断により必要性が認められた場合に、「障害児入所支援」を受けるシステムです。一般的には、障害が比較的重度で、家庭での養育に行き詰まってしまい、親が疲弊しきっている状況などで入所が検討されます。

入所施設には、「福祉型障害児入所施設」と「医療型障害児入所施設」があります。

福祉型の施設では、日常生活の動作や生活リズムなどを身につけ、身体能力を向上させる訓練などが行われます。医療型の施設では、福祉型の支援に加えて治療が行われます。いずれも、原則として利用できるのは18歳までです。

子育て短期支援事業の概要

名称	夜間養護等（トワイライトステイ）事業	短期入所生活援助（ショートステイ）事業
利用できる日・時間	平日の夜間または休日。	原則として1か月に7日以内（必要に応じて延長可）。
対象	保護者が仕事その他の理由で平日の夜間または休日に不在となる家庭の子ども。	保護者の疾病、仕事、また育児不安、育児疲れなどによる身体的・精神的負担から養育が困難になった場合。ほかに家族の出産、看護、事故、冠婚葬祭や公的行事への参加、経済的問題などで緊急一時的な母子保護が必要な場合など。
内容	児童養護施設をはじめ、乳児院、保育所、母子生活支援施設などで保護、養育する。ひとり親家庭には優先的に対応。	児童養護施設をはじめ、乳児院、保育所、母子生活支援施設などで保護、養育する。ひとり親家庭には優先的に対応。

障害児入所支援の概要

名称	福祉型障害児入所施設	医療型障害児入所施設
対象	知的障害、発達障害を含む精神障害、身体障害があり、入所の必要があると認められた18歳未満の子ども。	自閉症、肢体不自由、重症心身障害があり、入所の必要があると認められた18歳未満の子ども。
内容	食事、排泄、入浴などの介護、日常生活の指導、自立のために必要な知識、技能の指導、聞く・話すなどのコミュニケーション支援、レクリエーションなど社会参加活動の支援。	福祉型障害児入所施設の支援に加えて、疾病の治療、看護が受けられる。

8

集団生活に不安があるときは「保育所等訪問支援」を利用

保育所等訪問支援の成り立ち

訪問支援員

集団生活を観察、本人と職員に助言、環境整備、支援方法の共有などを行う。

訪問先

保育所、幼稚園、認定こども園、小学校、特別支援学校、児童クラブなど市区町村が認めた施設。

親の申請により保育所などを訪問

子どもが保育園や幼稚園などに通い始めたときには、親としては心配が尽きないでしょう。「ほかの子ともめないか」「先生はどこまでわかってくれるだろうか」などと、さまざまな不安をもつはずです。

そんなときに利用できるのが「保育所等訪問支援」です。保護者の申請が認められると、障害のある子どもがほかの子たちとの集団生活を安心して送れるように、訪問支援員が保育園や幼稚園に対し専門的な支援を行います。

就学後も利用でき、小中高校、特別支援学校などを訪問して、支援してくれます。申請から利用までの流れは、通所施設の場合と同じ(P54参照)で、通所受給者証と訪問支援員の所属する事業所との契約が必要です。料金は、原則として1割負担で、世帯収入に応じた上限があります。

9 保育園などでのサポートを補強する「加配制度」は園が市区町村に申請

加配制度のポイント

申請するのは親ではなく、保育園や幼稚園。

加配保育士は集団生活が円滑になるようサポートする。

加配保育士

園の対応に不安がある場合、親から園に申請を相談することはできる。

加配保育士には子どもの特性、希望などを伝えて信頼関係を育み、互いに相談しやすい関係を築くと◎。

対応が難しく園から親に申請の提案があるケースもある。

保育園から市区町村に申請

障害のある子どもへのサポートを充実させるため、保育園などに通常の配置基準に加えて保育士を配置する「加配（かはい）制度」があります。国の経費負担により保育士を雇うもので、保育園や幼稚園が市区町村に申請します。

わが子の発達障害に対する不安があれば、親から園に「申請してほしい」などと相談もできます。反対に園のほうから「申請しましょうか」と聞かれることもあります。

対象は保育所、認定こども園、幼稚園などですが、実施内容は市区町村によりまちまちです。子どもの障害の程度や配置の基準、公立のみかなどの規定も異なります。

加配保育士は主任保育士などの補助的な役割を担い、具体的にどう配置して何をするかは園が判断します。発達障害の知識も豊富とは限りません。

Case 3

Cさん（5歳・男性）
知的障害なし
自閉スペクトラム症

Cさんが通っている保育園には、以前にも自閉スペクトラム症の園児がいました。そのときの学びと経験から、園長と保育士たちはCさんにも視覚的支援を行うようにしました。

ところが、Cさんは「次は、中に入り、お絵描きします」などと写真で見せられても、動こうとしません。写真や絵に工夫を加えても、ほとんど反応してくれませんでした。

同じ診断名なら同じ対応がいつも有効とは限らない

たしかに、言葉だけでは想像しにくい特性がある自閉スペクトラム症の子に写真や絵で示す意味はあるでしょう。

ただ、同じ診断名であっても、特性や個性、その折々の状況などによって対応の仕方は違います。写真を見せれば、どの子にもどんな状況でも有効で、同じ反応を示すわけではないことは、障害の有無にかかわらずいえることです。

Cさんの通う保育園は困り果て、発達障害の相談を受けている専門機関に問い合わせをしました。その結果、専門知識をもつ支援員が保育園でのCさんの様子を見に行くことになりました。

Cさんは写真で室内に入るように促されても、遊具のほうを見て動きませんでした。専門家の目には「もっと園庭で遊びたい」と思っているように見えました。そこで、支援員はCさんに後でいつもより長く園庭遊びができると約束してから、室内でお絵描きをするよう提示しました。Cさんは納得して中に入りました。

写真によって次にやることがわかっても、別に理由があって行動しないこともあることは意識しておきたいものです。

Case 4

Dさん（8歳・男性）
知的障害なし
診断なし

Dさんは乳幼児健診で発達の遅れを指摘され、「発達障害のような傾向がある」と言われました。親御さんはすぐに医療機関で診断を受けるよりも、しばらく様子を見たいと考えました。

そして、Dさんのもてる力を伸ばすために、児童発達支援センターで療育を受け始めました。5歳時の就学相談では、普通級の判定が出ました。

専門療育が継続的に必要なケースばかりではない

Dさんは小学校に入学し、通常学級に通い始めました。親御さんは「クラスになじめるだろうか」「問題を起こすのではないか」と心配しましたが、学校から呼び出されることはありませんでした。

Dさんはマイペースで、あまり周囲にいる人たちを気にしない子どもでした。スムーズに集団生活に適応したというより、ケンカなどトラブルを起こさず、わが道を進んでいったようです。

Dさんの興味が向かった先は勉強でした。勉強が好きだから、学校に行くのが楽しく、熱心に学習に取り組むことができました。同級生のことよりも勉強に気持ちが向いていたのです。

親御さんはとても喜び、本人の状況をしっかりと見ながら、学力が伸びるように応援しようと考えました。中学受験を見据えて、塾に通わせることを検討し始めました。

その一方で、就学前の療育でつながっていた専門機関には「サービスを使わなくとも家族でサポートできそうだ」と、状況を伝えました。専門家も同じ意見だったため、小学3年生でサービスは停止となりました。

幼児期に「発達障害の可能性がある」と指摘された場合、就学後に特別支援教育と継続的なサポートが必要かどうかは人それぞれです。早めに療育を受け始め、良い方向へ導くことを考えるといいでしょう。

遊びや運動などを通して支援する作業療法

作業療法と聞くと、病気やケガをした後のリハビリを思い浮かべる人が多いでしょう。発達障害とは結びつきにくいかもしれませんが、最近はとくに重要視されるようになり、幅広く取り入れられています。

では、作業療法とは何かというと、何らかの作業や活動などを通して身体および精神の機能の回復、社会適応の促進などをめざす治療方法です。その対象となるのは、食事、睡眠、入浴、家事、学習、仕事から趣味まで日常生活の行為、動作のすべてです。

作業療法にあたるのは、「作業療法士」の国家資格をもつ専門家。「Occupational Therapist」を略してOTとも呼ばれます。医療機関のほか、児童発達支援センター、放課後等デイサービスなどの療育機関で子どもの発達支援を行うケースが増えています。

具体的には、文具や玩具、生活用品、楽器などを使って手先の細かい作業の訓練をしたり、着替えや入浴などの動作の練習をしたり、身体を動かす遊び、スポーツなどの訓練をしたりします。もちろん本人の症状や状況に合わせた内容となります。

生活全般において、本人が苦手なこと、なかなかできないこと、困りごとや悩みを解決できるように支援すると考えるといいでしょう。作業療法による練習や工夫によってできることが増えると、本人に自信がつき、保護者や教師のより深い理解にもつながります。

3章

就学期の支援

1

どこに就学するか選択肢を知る

特別支援教育の選択肢

※地域の小中学校に籍を置きつつ、特別支援学校に通う副籍という制度もあります。

週数時間のみ通う通級指導教室

障害のある子どもへの教育は、個々の状況に応じて選択できるように「特別支援教育」の制度の整備が進められています。まずは選択肢を知ることから始めましょう。

全体の子どもの数が減っているのに対し、特別支援教育を受ける子どもは大幅に増えています。発達障害も特別支援教育の対象となり、診断が確定していなくともひとりひとりの特性とニーズに応じた指導が受けられるようになりました。

第一に、通常学級に在籍し、週に数時間だけ「通級指導教室」に通う選択肢があります。通級指導教室は障害の種別ごとに設けられ、ひとりひとりの障害や発達の程度に合わせた指導が行われます。ただし、多くの場合、その学級のある別の学校に移動する必要があります。

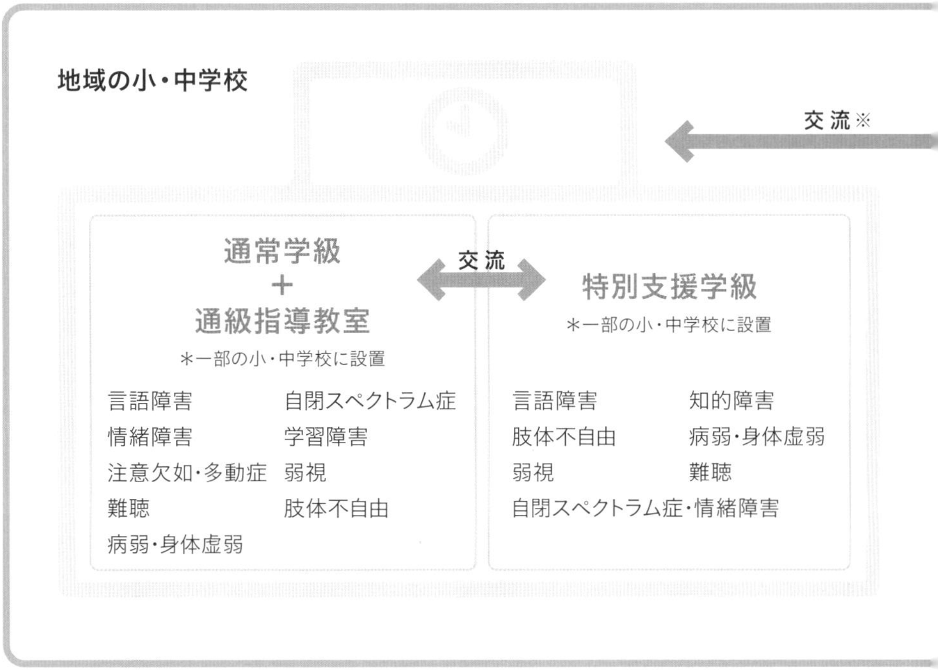

地域の小・中学校

交流※

通常学級＋通級指導教室 *一部の小・中学校に設置		特別支援学級 *一部の小・中学校に設置	
言語障害	自閉スペクトラム症	言語障害	知的障害
情緒障害	学習障害	肢体不自由	病弱・身体虚弱
注意欠如・多動症	弱視	弱視	難聴
難聴	肢体不自由	自閉スペクトラム症・情緒障害	
病弱・身体虚弱			

（通常学級＋通級指導教室 ⇔ 交流 ⇔ 特別支援学級）

特別支援学級と特別支援学校

第二の選択肢が、「特別支援学級」。これは地域の学校のなかに設けられた障害のある子どもたちのための学級です。通常学級のような大人数ではなく、少人数でひとりひとりの状況、課題に合わせた指導、支援が行われるのが特徴です。給食やホームルームは通常学級に加わったり、学校行事などにともに参加したりすることで、障害のない子どもたちと交流する機会が多くあります。

第三の選択肢となる「特別支援学校」は、心身の障害が比較的重度の子どものための学校です。発達障害の場合、知的障害をともなっていて、社会生活への適応が非常に困難な場合のみ対象となります。ひとりひとりの障害の状態に応じた授業を、専門性の高い教職員が行います。

特別支援学校には、障害による困りごとの解消を目指す「自立活動」の時間があります。学習上、日常生活上の困難を改善、克服して自立できるように、必要な知識、技能などの指導、支援を行うものです。この「自立活動」は、通級指導教室、特別支援学級でも取り入れられています。

特別支援教育の比較

	概要	1学級
特別支援学校	•比較的重度の障害児を対象として、普通学校とは別に設置。 •知的障害児に対する教育が手厚い。発達障害のみでは入学不可。 •通常の教育に加え、障害による学習上、生活上の困難を改善、克服するための「自立活動」を指導。	•小・中学部は6人、高等部は8人が上限。 •障害が複数ある児童の学級は3人まで。
特別支援学級	•障害の種別ごとに学級を編成し、ひとりひとりに合わせた教育を行う。 •基本的に、小・中学校の学習指導要領に沿って教育課程を編成するが、実情に合った特別な編成も行われる。 •各教科の授業時間などは各校で定められる。	•8人が上限。
通級指導教室	•大部分の授業は通常の学級で受け、週に数時間、障害に応じた特別な指導を受ける。 •小・中学は週1～8コマ以内、高校は年間7単位以内。その子どもの必要に応じて決める。 •障害の種別ごとに学級が編成される。 •障害の程度が比較的軽度の子どもが多い。	•小・中学校では13人に1人の教員。 •高校では加配措置。

特色

○専門的な知識、経験のある教員が多い。
○必要な教材や用具などがそろっている。
○自立へ向けた技能獲得の教育が手厚い。
○高等部では障害に合わせた職業訓練が行われる。
▲自宅から通いにくく、通学バスの利用が必要。
▲地域の友だちと離れ離れになり、放課後に遊べない。
▲一般的な「高卒」資格は得られない(大学受験資格はあり、障害者雇用でも高卒と同等扱いになることが多い)。

○自宅から通学しやすい。
○地域の友だちと離れずにすみ、放課後に遊べる。
○通常学級の子どもたちと交流が多い。
▲特別支援教育の専門的な知識と経験が豊富な教員ばかりではない。
▲必要な教材や用具などが十分にそろっていない場合もある。
▲5段階評価ではなく、内申点が算出できず、公立高校への進学が困難な場合がある。

○自宅から通学しやすい。
○地域の友だちと離れずにすみ、放課後に遊べる。
▲通常学級のある学校から教室のあるほかの学校まで移動の必要がある場合が多い(校内にあれば当該教室に移動)。

2

すべての子が通常学級で平等に学ぶ「インクルーシブ教育」とは

就学先決定に親子の希望を反映

近年になって、障害のある子どもの就学先を決めるしくみが改められました。これはインクルーシブ教育システムの構築に向けての取り組みです。

かつては、子どもに基準にあてはまる障害がある場合、原則として特別支援学校に入学するものとされていました。現在では、子どもと保護者の意見を尊重したうえで、障害の状態や必要な支援の内容、学校の状況、専門家の意見などを踏まえた総合的な検討が行われ、決定されるようになっています。

障害があるかないかで分けるのではなく、すべての人を包み込む、包括的(ほうかつてき)な教育のあり方がインクルーシブ教育です。皆が一緒に学び、理解しあうことで、多様性が尊重される共生社会の実現を目指すものです。

地域の学校でともに学ぶ機会

言い換えると、定型発達の子どもと同じように、住んでいる地域の小・中学校に入学し、ともに平等に教育を受ける機会が得られるということです。その実現のために、それぞれが必要とする「合理的配慮（次項参照）」が提供されることが求められています。

欧米などは、すべての子どもが必要に応じてサポートを受けながら、完全に同じ教室で学ぶ方向に進んでいます。この国際社会の流れを受けて、日本でも障害があることを理由として、一般的な教育制度から排除されることがないように法令などの整備が進められました。

ただし、日本の場合、個別の教育的ニーズを満たすためとして、通常学級とは別に特別支援教育を行う教室や学校が設置されているという特徴があります。

インクルーシブ教育システムの構築

●背景

国連の「障害者の権利に関する条約(障害者権利条約)」が2008年5月に発効。

●欧米の流れ

特別支援学校・学級を完全に廃止、すべての子どもが同じ教室で学ぶ国もあり。

●国内の法整備

日本は2014年1月に障害者権利条約を批准(ひじゅん)、法令などを整備。

- 2016年4月、「障害を理由とする差別の解消の推進に関する法律」(いわゆる障害者差別解消法)施行。
- 2017、2018年、学習指導要領などを改訂。障害のある子どもの教育に関する記述が大幅に充実。

●日本の特徴

同じ場でともに学ぶことを追求するとともに、個別の教育的ニーズのある子どもにはそれぞれに応じた指導を提供する多様で柔軟なしくみの整備を重視。

- 通常学級に加えて、通級指導、特別支援学級、特別支援学校という学びの場がある。

3 学校が義務づけられている「合理的配慮」とは

わが子に必要な支援を求められる

インクルーシブ教育システムの実現のために、必要となるのが「合理的配慮」です。障害のある子どもが障害のない子どもと同じように教育を受けられるように、それぞれの特性にもっとも合う教育内容、方法、設備などを整えることを学校側に求められるということです。

わかりやすい例としては、書字障害で黒板の文字を書き写すことが難しい子どもがパソコンを利用できるようにしたり、聴覚過敏の子どもにイヤーマフを着用させるといったケースが挙げられます。

ひとりひとりの特性から生じる困りごとを、解消、解決する方法を見つけるというように考えるといいでしょう。したがって、「こういう診断名だから、こんな配慮が必要」といった単純な図式はありません。

解決策を見出す話し合いが重要

障害者差別解消法が定める合理的配慮の法的義務は、これまで対象が国公立の学校に限られていました。私立校は努力義務にとどまり、自治体によって条例で義務づける状況でしたが、同法の改正により2024年4月からは私立校を含め、すべての事業者が対象となります。

ただし、保護者や本人が求めれば、どんなことでも通るものではありません。体制、財政の面から過度の負担を課さないといった条件は設けられています。極端な例を挙げれば、大がかりな校舎の改築などは行えません。

困りごとに対応する手段としては、いろいろな方策が考えられるはずです。保護者も「こうしないと授業が受けられない」と決めてかかるより、学校側とよく話し合い、ともに解決策を見出すように努めるといいでしょう。

合理的配慮の事例

ケース1
学習障害（書字障害）

板書の書き写し、提出物の作成に時間がかかり、自信を喪失。

解決策 パソコンの利用を認めることで、学習意欲も向上した。

ケース2
学習障害、注意欠如・多動症

読み書きが困難で学びに抵抗感が強い。

解決策 教材を工夫、教室内の席の位置に配慮し、ほめて認める場面の設定などを行った。

ケース3
知的障害をともなう自閉スペクトラム症

言語コミュニケーションが難しく音に敏感、集中が困難。

解決策 視覚情報に強い特性を生かし、視聴覚教材を活用、デジタル教材を作成して対応した。

ケース4
自閉スペクトラム症、感覚過敏

対人面のトラブルが多く、音刺激に過敏、体調不良。

解決策 校舎内の教室の位置に配慮し、保健室での休息などを取り入れた。高校受験時には別室受験、個別面接などの配慮を得た。

ケース5
自閉スペクトラム症、感覚過敏

聴覚の感覚過敏で大きな音が苦手。

解決策 イヤーマフを着用できるようにして、耳に入る音を軽減した。

ケース6
自閉スペクトラム症

予想外の展開への対応が困難。モノに当たり、自傷行為も。

解決策 パニックを起こしたらクールダウンする別室を利用できるようにした。

※教育環境の整備は、地域や学校によりさまざまです。
参考：独立行政法人国立特別支援教育総合研究所「インクルーシブ教育システム構築支援データベース」

就学相談を活用して就学先を決定するまでの流れ

大切にしたい自尊心と楽しさ

就学先を決める際は、子どものもてる力を最大限に伸ばし、自立や社会参加に必要な力をつちかう視点が重要です。特性により困難なところでは支援を受け、自尊心を保って楽しく学校生活を送れるように考えましょう。

目安としてたとえば、障害の程度が軽く、席について授業を受けられ、ほかの子どもたちと最低限の交流ができれば通常学級に籍を置き、一部の時間のみ、通級指導を受ける選択肢があります。特別支援学級は少人数など環境が適切であれば席に座っていられて、ある程度のコミュニケーションがとれる場合の選択肢となります。

教育支援委員会への相談

就学先の選択では、基本的に本人と保護者の意見が最大限尊重されますが、考えをかためるには十分に情報を得ることが大切です。市区町村の教育委員会に問い合わせ、就学相談を申し込むといいでしょう。

教育委員会には医療、教育、福祉などの専門家からなる教育支援委員会が設置され、ひとりひとりのニーズに合う就学の支援をしています。本人、保護者と面談し、希望などを聞き取り、場合によっては学校見学や体験の機会が得られます。子どもと一緒に見学し、学校や教室の様子はもちろん、本人の反応も確かめましょう。

教育支援委員会では、地域の学校の状況なども総合的に検討して就学先を決定します。当事者の希望と異なる場合、不服を申し立てると再審議が行われます。

また、入学後に特別支援学級に移るなど就学先を見直したい場合、中学校ではどうするか迷った場合なども、同様に就学相談を受けることができます。

就学先決定までの一般的な流れ

就学相談申し込み

市区町村の教育委員会に電話で申し込む。

事前に教育委員会から情報提供やガイダンスの案内が届くことも多い(保育園、私立幼稚園の場合は教育委員会の管轄外のため問い合わせが必要)。

その後の流れがスムーズになるよう夏休み前までが目安。

面談

親子面談で、成育歴、子どもの状況、支援の内容などを聞き取り(母子手帳、療育手帳、医師の診察記録など資料を持参)。子どもの行動観察。

教育支援委員会が情報を収集

医師の診察、知能テスト、発達検査、専門家の意見聴取などが行われ、判断に必要な情報が集められる。

学校見学

実際に見学し、子どもの反応を見る。体験入学ができる場合もある。

通学路、通学の難易度をチェックする。就学先についての希望をかためる。

就学時健康診断(〜11月30日)

前もって就学相談をしていなかった場合、また健診により障害、発達の遅れが初めてわかった場合、この時点で就学先決定のガイダンスを受ける。

就学先の決定

教育支援委員会が審議結果を通知。

保護者の同意により就学先が決定。希望と異なる結果の場合、話し合いのうえ不服申し立ても可能。

＊就学相談の具体的な内容は、市区町村により違いがあります。

5 一貫した支援のため学校などが作成する「個別の教育支援計画」

関係機関が情報を共有

障害のある子どもそれぞれの特性、状態に応じて、適切な支援を継続して行うには、計画を立て、繰り返し見直す必要があります。長期にわたる一貫した支援を実現するため、学校などが作成するのが「個別の教育支援計画」です。

この「個別の教育支援計画」は、特別支援教育の要となるととらえていいでしょう。学校が中心となって、本人と保護者、医療、福祉などの関係者と相談してつくられます。その子どものニーズ、目標、それに応じた支援方法が記載され、関係機関で情報を共有できます。進級、進学時にそれまでの歩み、支援の内容が引き継がれ、将来の自立を見据えた切れ目ないサポートが可能になるということです。

必要に応じて見直しが行われる

「個別の教育支援計画」は、子どもの成長や状況の変化などに応じて学期ごと、年度ごとなどに見直していきます。計画を作成する手順や様式などは、自治体、また学校によってもさまざまですが、必要を感じたら保護者から見直しを求めるといいでしょう。保護者がその内容に納得がいかない場合も、再検討、作り直しを求めることができます。

こうして、その子どもへの支援が明確に記される「個別の教育支援計画」は、受験する際に「合理的配慮」を学校に求める根拠としても活用できます。実際に、別室での受験、問題文の読み上げといった配慮を得た事例があります。

「個別の教育支援計画」とは

意味合い

障害がある子どもの教育ニーズに応じ、長期的に一貫した支援を行うための計画。学校が中心となって本人、保護者らと相談しながら作成。学校内に加え、保護者、関係機関と多面的・多角的に情報を共有できるうえ、その情報が蓄積される。

「個別の教育支援計画」引き継ぎイメージ

入学後は学校が中心となり作成(引き継ぎ内容を踏まえ作成。子どもの成長、状況などに応じて適宜見直しを行う)。
教育支援計画
引き継ぎ
大学、就職
高校
中学校
小学校
教育委員会が中心となり作成。
※乳幼児健診などの情報も含む。
乳幼児期
目的に対して、どこまで達成できたのか、今後の課題は何か、きちんと引き継がれることで、継続した支援が可能になる。
成人期
学齢期
就学前期

記される内容例

- 家庭環境
- 得意なこと、好きなこと
- 苦手なこと、嫌いなこと
- 本人と保護者の願い、目標
- 医師の診断、受診状況
- 就学先と指導、支援の内容
- 医療、福祉サービスの利用状況

資料：文部科学省「初めて通級による指導を担当する教師のためのガイド」個別の教育支援計画と個別の指導計画

6

親子でカウンセリングも受けられる教育センターの教育相談

市区町村の教育センター

学校についての相談先としては、市区町村の教育センターの存在を知っておくと心強いでしょう。都道府県の教育センターもありますが、地域の学校に関する相談なら市区町村の教育センターが向いています。

市区町村の教育センターの教育相談では、保護者から悩みや心配ごとを聞き、子どもへの心理的な援助などを行います。相談に応じるのはカウンセラーやスクールソーシャルワーカーなど専門知識のある相談員で、親子でのカウンセリングなども行われます。地域の関係機関とも連携し、課題に取り組んでいきます。

相談はもちろん無料ですし、電話相談に応じているところも多いので、まずは連絡してみるといいでしょう。

対象は自治体により異なりますが、多くは小・中学生までです。中学卒業が近い場合など、長期にわたる切れ目ないサポートは得にくいので気をつけましょう。

不登校の子どもの「適応指導教室」

発達障害のある子どものなかには、不登校になるケースもあります。特性や困りごとが理解されず、いじめを受けることも少なくないのが現状です。学級の担任、学年主任、校長、養護教諭やスクールカウンセラーなどに学校で相談しても納得のいく対応が得られない場合には、教育センターは身近な相談先となります。

教育センターには、不登校の小・中学生を対象とした「適応指導教室」が設置されていることも多くあります。子どもたちは学校の教室ではなく、この「適応指導教室」に通い、個別カウンセリングや教科指導を受けたり、体験活動などを行ったりしています。

教育センターの教育相談

その地域に住む子どもの教育に関する相談に対応。名称は自治体により異なり、教育相談所、教育相談室という場合も。

【相談例】

- 子どもが学校になじめない。
- 子どもが学校に行くのをいやがる。
- 同じクラスの子どもとトラブルになっている。
- いじめられているようで様子がおかしい。
- 学力が上がらなくて心配。

適応指導教室

文部科学省が小・中学生の不登校への対応として、「適応指導教室」の設置を推進。教育委員会により教育センターなどに教室が設置、運営されている。子どもが在籍する学校と連携しながら、カウンセリングや教科指導、体験活動などの通所指導を行っている。

専門家アドバイス

いじめ・不登校について

親御さんに意識していただきたいのは、お子さんが学校のことを話しやすい環境を家庭内につくることです。いじめられていたことを本人が言い出せず、まわりも気づかずに後になってわかるケースが、思いのほか多くあります。

学校には積極的に連絡をとり、定期的に様子を知る機会をつくりましょう。学校側が設ける面談を待たずとも、「最近、ウチの子はどうですか」と聞いてみることです。

いじめも不登校も、早期に気づいて対処することが大切。登校をいやがる場合は、その原因を明らかにすることが先決です。

「休憩時間がイヤ」「偏食だから給食が苦痛」など、子どもによって悩みや困難な状況は異なります。無理に行かせようとするのではなく、登校したくなるように対策を考え、学校にも働きかけてみましょう。

特別支援教育コーディネーターは学校の特別支援教育の中心的存在

保護者の相談窓口の役割も

学校のなかで特別支援教育に関して中心的役割を果たす教員が、特別支援教育コーディネーターです。特別支援教育における学校の窓口ととらえるといいでしょう。校長の指名により小・中学校、高校に配置されるので、年度の初めに確認しておきましょう。

特別支援教育コーディネーターの役割は多岐にわたります。特別な支援が必要な子どものいる担任の教員を支援し、学校内の協力体制を構築、外部の関係諸機関と連携し、保護者の相談窓口の役割なども担います。

たとえば保護者から心配ごとを聞き、必要な支援へつなげることもあれば、担任から困難な状況を聞いて連絡・調整を始めることもあります。そこから地域の関係機関と連携し、その子どもへの支援体制をつくるということです。

子どもの困りごとについて担任に「合理的配慮」を求めても応じてもらえない場合なども、特別支援教育コーディネーターに相談してみるのはひとつの手です。

期待と異なるケースもあり

ただし、特別支援教育コーディネーターの実情は、地域、学校によりさまざまです。

必ずしも専門知識と経験が豊富な教員とは限りませんし、外部とのネットワークがしっかりとできていないこともあります。名目だけであまり機能していない場合、自治体のパンフレットを持参して対応を求めるケースなどもあるようです。

特別支援教育コーディネーターの役割

保護者

子ども

相談

指導

特別支援教育
支援員※
サポートスタッフ

教員

連絡調整

連絡調整

関係機関
（医療・福祉・労働）

連絡調整

連絡調整

特別支援学校

外部専門家

特別支援教育
コーディネーター

※教員らと連携し、日常生活の介助、学習支援、安全確保などを行う人員。
資料：文部科学省「特別支援教育の現状」

8 専門職による「巡回相談」を必要に応じて求める方法も

要請を受けて小・中学校を巡回

子どもの特性、状況に最適な支援方法を考えるには、専門的な知識や技能が必要です。学校の教員が熱心だとしても、やはり対応に困る場面はあるでしょう。子どものもてる力を引き出し、学習能力と集団への適応能力を向上させるには、専門家の見識が役立ちます。

そのために役立つのが「巡回相談」の制度です。小・中学校の要請を受けて専門職などの巡回相談員が学校を巡回し、特別な支援を必要とする子どもへの対応方法を指導・助言するものです。子どもが学校で過ごしている様子を観察し、検査などを行い、担任ら学校関係者の話を聞いて学校側のニーズも把握、保護者と面談するなどして支援の方法を判断、アドバイスします。

巡回相談員に期待されるのは、特別支援教育と発達障害の専門知識だけではありません。教師への支援、学校と地域における支援体制などについても知識と技能を兼ね備える必要があり、研修などが行われています。

専門家の助言を得られるチャンス

巡回相談の制度の具体的な実施方法などは自治体により異なるため、必要性があると考えた保護者は、特別支援教育コーディネーターに聞いてみるといいでしょう。

東京都の場合、特別支援教室を設置している小・中学校に対し、希望に応じて臨床発達心理士などが巡回相談を行っています。発達障害のある子どもの学習上・生活上の困りごとについて具体的な対応方法を助言しています。

また、教育委員会には発達障害、教育学、心理学、医療、福祉関係などの専門家チームが置かれており、巡回相談員にはこのチームと学校をつなぐ役割もあります。

巡回相談のしくみ

小学校

訪問　要請　　訪問　要請

巡回相談員　臨床心理士など

子ども、教員、学校を支援

巡回相談員と専門家チームとの連携

巡回相談員

専門家チームの判断と助言について教師に説明・助言

専門家チーム

教育委員会の職員、特別支援教育・通常学級の教員、教育学・発達障害・心理学の専門家、医師、福祉関係者、特別支援教育コーディネーターなど

情報の収集、アセスメント、判断、再評価、教育的対応に関する助言、研修への協力などを行う

学校

判断の依頼(発達障害などの障害の有無、望ましい教育的対応など)

巡回相談員

巡回によって把握した子どもの実態を資料として提供

資料：文部科学省「特別支援教育について　第4部専門家用」

9

就学期の通所施設は「放課後等デイサービス」

放課後等デイサービスの基本的役割

●子どもの最善の利益の保障

学校に通う障害児に対し、放課後または休業日に生活能力向上のための訓練、社会との交流の促進その他の便宜を供与する。

●共生社会の実現に向けた後方支援

ほかの子どもたちと集団のなかで過ごすことで、地域社会への参加・包容を進める。

●保護者の支援

子育ての悩み相談、子育て支援、保護者の時間の確保。

参考：厚生労働省「放課後等デイサービスガイドライン」

子どもの発達支援と親の支援

小学校に入学すると通所施設が就学前とは変わります。障害のある子どもが高校卒業まで利用できるのが、「放課後等デイサービス」です。放課後のほか休日、夏休みなど長期休暇中にも、生活能力を向上させる訓練や社会との交流の促進、学習指導などが継続して行われる施設です。学校や家庭とは異なる場で、児童指導員や児童発達支援管理責任者などから、ひとりひとりの特性に合わせた発達支援を受けることができます。

このサービスには、親を支援する側面もあります。放課後等デイサービスは子育てについての相談先ともなり、ペアレント・トレーニング(P43参照)などを活用しながら養育の支援が行われています。さらに、ケアを一時的に代行することで重い負担がかかる親が時間を確保でき、

利用の流れ

市区町村に電話をかけて相談
↓
施設の見学・面談
↓
「通所受給者証」を申請
↓
「障害児支援利用計画案」の作成・提出
↓
面接調査・審査
↓
「通所受給者証」の交付
↓
施設と契約・利用開始

これからの放課後等デイサービスの方向性

＊2024年の法改正により再編予定

①総合支援型(仮称)

「健康・生活」「運動・感覚」「認知・行動」「言語・コミュニケーション」「人間関係・社会性」の5領域全体をカバーしたうえで、特に重点を置く支援内容を定める基本型。

②特定プログラム特化型(仮称)

理学療法、作業療法、言語療法など、特定領域の発達支援に特化したタイプ。

背景

事業所が急増し、障害特性に応じた専門的な発達支援が行われていないケースが問題視されている。

例)見守りのみ、学習塾のような学習支援のみ、ピアノや絵画のみの指導など。

資料：厚生労働省　第1回「障害児通所支援に関する検討会」資料

ゆとりを取り戻せるという意味合いもあります。

土曜や長期休暇には朝から夕方まで利用できる施設が多く、親が仕事をしていなくとも利用できます。平日の放課後は学校まで送迎車が子どもを迎えに行くケースが多く、なかには終了後、自宅に送り届けてくれるところもあります。

利用には「通所受給者証」が必要

現在のところ、放課後等デイサービスの具体的なプログラムの内容などは多種多様ですが、今後は「総合支援型」「特定プログラム特化型」(ともに仮称)に類型化される見込みです(上図参照)。

利用者は増加しており、全体的に発達障害のある子どもが多いといわれています。情報を集めていくつか候補を絞ったら、必ず子どもと一緒に見学しましょう。

放課後等デイサービスについては、就学前の通所施設と同じく児童福祉法で定められ、障害者手帳の有無は問われません。市区町村から「通所受給者証」の交付を受けて利用する流れも同じです(P54参照)。まずは市区町村に問い合わせてみるといいでしょう。

10

高校・大学への進学・進路については学校の支援を受ける

高校進学の選択肢

通常学級

- 大学に進学したい場合に向いている。
- それぞれの障害に対応した教育内容はない。

通常学級＋通級指導教室

- 大部分の授業は通常の学級で受ける。
- それぞれの障害に応じた特別な指導を通級で受けられる。
- 他校の生徒を通級で受け入れるケースもある。

特別支援学校高等部・高等特別支援学校

- 知的障害をともなう発達障害のある生徒が対象。
- 特性に対する支援が手厚い。
- 職業体験、実習など職業教育も充実している。
- 障害者枠での就職が一般的。

高校は卒業後の進路を考慮して選ぶ

現在では、障害のある生徒の多くが高校に進学しています。中学に入ったら、卒業後の進路について親子で早めに話し合いを進めておくといいでしょう。学校に相談して情報を集め、学校見学などを進めておきます。

これまで小・中学校に限られていた通級指導の制度が、2018年度から高校でも始まったことは朗報です。まだ設置され始めたところですが、選択肢が増えました。

また、高校の選択は卒業後に大学に進むのか、就職するのかでも変わります。就職希望なら、職業教育に重点を置いている商業・工業・農業・水産などの高校、技術者を養成する高等専門学校、実践的職業教育を行う高等専修学校なども選択肢に上がるかもしれません。

一方、特別支援学校の高等部、高等特別支援学校にお

大学での合理的配慮の例

受験時

- 出願書類を拡大して使用。
- 試験室入口まで付き添い者が同伴。
- 別室での受験。
- 試験時間の延長。
- 個室の控室を用意。
- 個人面接。端的で具体的な質問に配慮。
- マークシートへのチェックマークでの解答および試験監督者によるマークシートへの転記。

入学後

- 試験の問題文は明確な表現を心がけ、回答方法を例示。
- 授業の録音、PC 筆記、板書の撮影など支援機器の使用。
- 受講しやすい座席の確保。
- 授業資料の電子データ提供。
- サングラス、ノイズキャンセリングヘッドフォンの着用。
- 実験・実習授業で追加のマニュアルなどを用意。
- 試験での音声読み上げ機能の使用。
- 漢字のルビ振り。
- 試験の際、PC や音声入力ソフトを使って解答。

資料：独立行政法人日本学生支援機構HP「障害学生に関する紛争の防止・解決等事例集」

いても、専門的な職業訓練が行われ、障害者枠での雇用につながっています。

全日制以外に、通信制、定時制高校もあります。

支援が得られるか大学に事前相談

「義務教育を終えてからも、子どもに必要な支援が受けられるのか」という不安の声が聞かれますが、高校、大学でも障害のみを理由とする不当な差別的取り扱いは禁じられています。国公立の学校では「合理的配慮の提供」は義務、学校法人でも2024年度から義務づけられます。

大学進学を希望する場合も、早めに情報を集めて志望校を絞りこみましょう。

高校の進路相談だけでなく、必要な支援が得られるかを大学の障害学生支援部署などに事前相談する方法もあります。実技、実習での配慮、教室の座席の位置、カウンセリングの有無など、具体的に確認しておくと安心です。受験において配慮を求める場合は、大学が対応できるように早めに「受験特別措置」を申請します。

入学後のキャリア相談なども障害学生支援部署や学生相談室に相談します。

子どもの外出を支援する「移動支援事業」

余暇活動の送迎に利用できる

子どもに公園やスポーツ施設を利用させたくとも、送迎がネックになることは多いでしょう。そこで検討したいのが、障害のある人が円滑に外出できるように移動を支援する「移動支援事業」です。屋外での移動が困難な障害者が、社会生活で必要不可欠な外出や余暇活動など社会参加のために外出をする際、サポートを行うものです。

具体的な内容や実施状況は市区町村によりさまざまで、地域の特性やニーズなどに応じて決められています。一般的には、動物園や映画館、イベントなども余暇活動ととらえられます。原則として通学には利用できませんが、親の病気や冠婚葬祭による一時的な送迎には利用できます。通学ルートを覚えるまでの訓練として一時的に利用するケースなどもあります。

受給者証を取得し、事業者と契約

対象は、市区町村が外出時に移動の支援が必要と認めた障害者で、障害者手帳の有無は問われません。就学後、成人してからもサービスを受けられます。就学前の幼児については利用が限定されるケースが多くなっています。

サービスを利用するには、市区町村の窓口で申請し、支給決定を受け、通所施設の利用と同じように受給者証の交付を受けます（P54参照）。移動支援サービスを提供する移動支援事業者を自ら選んで契約する流れも、通所施設同様です。受給者証を受け取り、契約を結ぶとサービスを利用できるようになります。

料金は自治体により異なり、上限があります。移動支援のスタッフは一般的にガイドヘルパー（移動支援従事者）と呼ばれ、交通費や入場料などは利用者が負担します。

移動支援のしくみ

支援の範囲

※具体的な可否は市区町村が判断。

【利用できる状況の例】

- 公園、スポーツ施設、博物館、映画館、コンサート、イベントなどに行くとき(余暇活動)。
- 保護者、介護者の病気、入院、冠婚葬祭などにより通学の送迎が一時的にできないとき。
- 通所施設に通所するとき。
- 保護者の就労、ひとり親、世帯に障害者が複数いるなど、家庭の事情で必要と認められた通年の送迎。

【利用できない状況の例】

- 習いごとや学習塾に行くとき。
- 通院。
- 宿泊をともなう外出。
- 通勤・営業活動など経済活動。
- 政治活動、宗教活動。

実施方法

※市区町村により形態は異なる。

個別支援	•個別の支援が必要な場合。 •マンツーマンによる支援。 •公共交通機関または徒歩で移動。
グループ支援	•複数の利用者にガイドヘルパー1名が対応。 •同一のイベント、目的地、屋外でのグループワークに同時参加する場合など。
車両移送	•福祉バスなどの巡回による送迎支援。 •駅など、利用頻度が高いルートを定めて巡回。 •行事の参加のための運行。

Case 5

Eさんは感覚が過敏でストレスを受けやすい特性があります。小学校に入るときは特別支援学級に所属することを選び、6年生まで大きな問題はなく通学していました。

中学校に進むにあたり、親御さんは熟慮の末、本人のためには特別支援学校のほうがいいだろうと決断を下しました。ところが、環境の変化が災いし、徐々に学校に行きたがらなくなり、家で過ごす日が増えていきました。

Eさん（14歳・女性）
知的障害あり
自閉スペクトラム症

オンライン授業で学校が好ましい印象に変化

心配したお母さんは、専門機関に相談しました。プロのアドバイスを受けて、何かできる対策があれば試したいと望んでいました。

お母さんの話を聞いた相談支援専門員は、自らが中心となって働きかけ、保護者、学校、行政、専門機関による関係者会議を開催しました。Eさんにどのように対応したらよいか、その方法を全員で話し合ったのです。その後も、この関係者会議を継続して定期的に開きました。

さまざまな方法、アイデアが出るなかで、予想以上にうまくいったのがオンライン授業の導入でした。オンラインであれば、Eさんにとってもっとも安心できる家庭にいながら授業を受けられるため、勉強に集中することができたのです。加えて、学校に対して良いイメージをもつことができたことから、半年後には週の半分程度は登校できるようになりました。

また、オープンな関係者会議は、お母さんがありのままの状況や希望を伝えるのにも役立ちました。学校の一対一の面談よりもリラックスして話ができ、知りたいことが聞けるからです。

Case 6

Fさんは就学相談で普通級判定が出て、地域の小学校に入学しましたが、同級生たちへの接し方がわからず、すぐケンカになって、お母さんがたびたび学校に呼び出されました。

勉強も1、2年生のうちは何とかついていけましたが、だんだん難しくなりました。宿題はお母さんがつききりで見ていて、このままでいいのかと悩んでいました。

Fさん（13歳・男性）
知的障害あり
注意欠如・多動症

通常学級では難しくなり、時間をかけて移行

Fさんが5年生になって少ししたころ、お母さんは学校から「もう一度、教育委員会の就学相談を受けたほうがいい」と勧められました。今回は特別支援級の判定が出るのではないか、本人のために移ったほうがいいと考えている様子でした。

お母さんは薄々予想はしていたものの、やはりショックを受けました。自分が勉強を見ていれば、もう少しできるはずだという気持ちのほうが強く、わが子が特別支援教育を受けることへの抵抗もありました。

Fさんは就学前に療育を受けていたので、専門機関とのつながりがあり、お母さんは相談してみることにしました。担当の支援相談員は話を聞き、学校との間に入って、Fさんの状況とお母さんの希望について話し合ってくれました。結果的に、このときFさんは通常学級にとどまることになりました。

次の機会は、中学進学で訪れました。6年生になったFさんはやはり同級生となじめないまま、怒りっぽくなり、登校を嫌がるようになっていました。お母さんはこのときには「中学に入ったらもっと難しくなるだろう」と考えるようになっていました。

そして、「ここまでよく頑張った」と気持ちに区切りをつけ、Fさんは中学から特別支援学級に通うことになりました。特性に合った支援を受け、楽しく通学しています。

Case 7

Gさんは小学校に入学したとき、初めは特別支援学級に通っていました。人数が少ないので、先生の目が届きやすくていいと親御さんは思っていましたが、Gさんにとってはそれが緊張する原因となり、通学を嫌がりました。

そこでGさんは通常学級に移り、リラックスして過ごせるようになりました。ところが、同級生によるいじめが始まったのです。

Gさん（20歳・男性）
知的障害なし
自閉スペクトラム症
注意欠如・多動症

趣味が助けになり、私立校で目覚ましく成長

いじめで傷ついたGさんが次に移る先として、親御さんは私立校を探しました。Gさんは本と鉄道が大好きなので、図書室の蔵書が充実していて、鉄道クラブがある学校を見学に行き、本人も気に入りました。受験をして合格し、無事、転入することができました。

小学校のときは友達はいませんでしたが、図書室と鉄道クラブを楽しみに通い続けることができました。

一貫校ゆえに、中学、高校と進む際に環境の変化が少ないこともGさんには合っていました。同級生の顔触れがあまり変わらず、節目でつまずかずにすんだのです。Gさんはその学校の大学まで進んで、勉強を続けています。

Gさんは中学生になると、休日にさまざまな鉄道に乗りに出かけるようになりました。ある駅で熱心に記録をとっていたとき、駅員さんが「何年生？　勉強、頑張ってね」と声をかけてくれたそうです。Gさんはそれを励みにして、勉強も苦手なコミュニケーションも頑張ったのだといいます。継続して追いかけている趣味があることが、通学と学習の励みになったケースです。

Case 8

Hさんの親御さんは大学生になった息子が、ほかの人たちと同じように学業に励んでいると思っていました。ところが、あるとき単位がまるで取れていないことが発覚し、大騒ぎになりました。
「どうして？」と聞いても、本人は「わからない」と答えるばかり。問い詰めると泣き出してしまい、ようやく大学にほとんど行っていないことが明らかになったのです。

Hさん（19歳・男性）
知的障害なし
自閉スペクトラム症

支援体制が手厚い大学を選ぶと心強い

途方にくれた親御さんは、発達障害の専門機関に相談しました。そこで受けたアドバイスは、本人から話を聞き取って状況を把握し、どこにどんな問題があるのかを整理していくということでした。

話をじっくりと聞くなかでHさんは「レポートが出せない」と言いました。その理由を掘り下げると「時間に間に合わない」とわかりました。そこから今度は、作成に時間がかかって締め切りを過ぎてしまうのか、出しそびれてしまうのか、そもそも課題の内容と提出日の把握が難しいのかなどを見定めていったのです。
「それはこういうことなのかな？」などと具体的に投げかけると、内容がつかみやすくなります。Hさんはお母さんと一緒に学生相談室に行き、相談してみることになりました。

大学では自分で科目を選んで履修登録し、講義を受けて単位を取る必要があるため、入学直後につまずくことが多くあります。学生たちの「この講義は単位を取りやすい」「こういう時間割の組み方をすると効率よく単位が取れる」といった情報をキャッチできず、履修登録をできずにいることもあります。

大学を選ぶ際は、障害学生の支援体制をホームページなどで確認することが重要です。私立ではとくに大きな差があります。学生サポートルームで学業から対人関係の悩みまで対応するとか、精神科の医師もいるなどと出ていれば、安心材料になるでしょう。

言葉とコミュニケーションの発達を促す言語療法

発達障害のある子どもは、乳幼児期から人とのコミュニケーションが十分にとれないまま、言葉の発達が遅れる傾向があります。そこで遊びなどを通じて積極的に働きかけ、言葉とコミュニケーションの発達全般を支援するのが言語療法です。

支援にあたるのは、言語聴覚士(Speech Therapist ／略してST)の国家資格をもつ専門家です。発話に限らず、聞き取り、発音、さらに飲食物を飲み込む嚥下などの問題に関して、専門的な知識と技能にもとづく働きかけを行うのが言語聴覚士です。

発達障害のある人のなかには、耳から情報を得るのが苦手で、聞こえていてもその内容を理解できない聴覚情報処理障害や、大きい音が苦手な聴覚過敏などの傾向がある場合が多くあります。そうしたケースでは、言葉と聴覚の発達の両方を網羅する言語聴覚療法を行います。

発達支援センターや放課後等デイサービスの療育機関では、言語発達支援のほか、構音障害、吃音などの悩みにも対応することが多くあります。構音障害とは、口や舌、声帯などがうまく働かないためにスムーズに発声できない障害。吃音はなめらかに言葉が出ない発話障害です。

いずれにせよ、本人の困りごと、状況を的確に把握し、遊びを通して他人と関わるように導き、身ぶり手ぶりなど話し言葉以外のコミュニケーション手段も身につくように働きかけます。保護者に対して、子どもとの関わり方の助言なども行います。

4章

就労期の支援

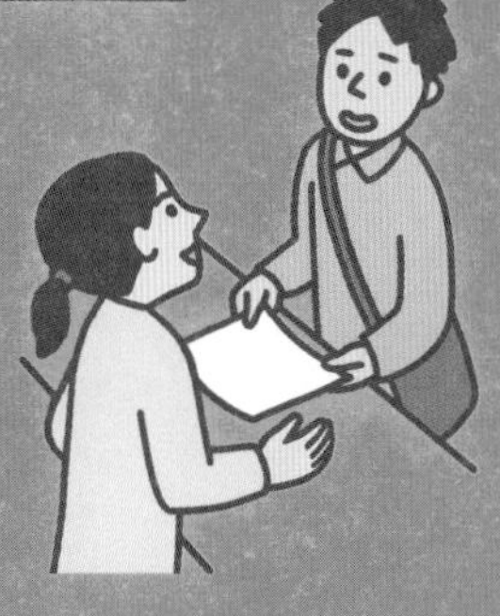

学校卒業後の相談先は発達障害者支援センター、行政の窓口

卒業後の相談先はいくつもある

発達障害のある人が生活上の困りごとについて支援を受ける際、在学中は学校が窓口になるのが一般的です。外部の関係機関と連携するにせよ、まずは学校で相談することが多かったでしょう。

「卒業したら、どこに相談したらいいのかわからない」と不安に思っている人は、発達障害者支援センターの存在を心にとめておいてください。年齢制限もなく、何歳になっても生活上の悩みから就労、福祉サービスまで全般的な相談に対応し、支援を行っています（P30参照）。

発達障害者支援センターが自宅から離れていて利用しにくい場合は、住んでいる市区町村の障害に関する相談窓口に問い合わせてみるといいでしょう。ほかに、保健所、保健センターも相談を受けつけています。保健所が都道府県や政令都市などに設置され、広域をカバーするのに対し、市区町村の保健センターはより身近な施設です。

「発達障害かも」の悩みも相談

大人になるまでとくに支援を受けてこなかった場合、相談先の見当もつかず、相談すること自体にも抵抗があるかもしれません。就労してから「自分は発達障害かもしれない」と悩み始めた場合など、まずは相談しやすい窓口に電話をすることから始めるといいでしょう。

上に挙げた発達障害者支援センターでは、まだ診断を受けていない人からの相談も広く受けています。行政の相談窓口、保健所、保健センターなども同様です。こうした相談窓口に困っていることや悩みを話すことから、保健、医療、福祉、労働などの関係機関と連携しての対応、支援へとつながっていきます。

卒業後の相談

Q 困ったことは学校で相談していた。卒業後はどうすればいい？

A 発達障害者支援センターは、本人と家族からの相談に応じている。都道府県によっては数か所あり、対象年齢が分かれていることもある。

Q 発達障害者支援センターは自宅から距離が遠く、利用しにくい。ほかの相談先は？

A 市区町村の障害福祉関連の相談窓口に問い合わせを。都道府県、政令都市の保健所、市区町村の保健センターも相談に応じている。

Q 学校を出るまで支援を受けたことはないが、発達障害ではないかと悩んでいる。どこに相談すればいいか？

A 発達障害者支援センター、行政の相談窓口など、相談しやすいところに問い合わせを。

専門家アドバイス

相談することで支援につながる

就職して大きな問題にぶつかり、初めて相談に来られる方はたくさんいます。ヒアリングするなかで、「たしかに、まわりの子どもとは違うところがあった」と気づき、納得して支援を受ける気になる方、「疑問や悩みの説明がついた」と安堵する方もいます。

一方、発達障害であると認めたくない気持ちが大きい場合、発達障害者支援センターと銘打った場所は近づきがたいかもしれません。そういう方は、心と身体の悩みをなんでも相談できる保健センターなどを利用するといいでしょう。

相談機関は相談の場ですから、病院のように診断を下すわけでもなく、何かを強制することもありません。ひとりで悩んでいるより、早めに相談してください。さまざまな対応策、予防策によって、望ましい方向に進むことを考えてみましょう。

2

一般就労と福祉的就労など就労形態を考える

働き方はひとつではない

卒業後の就職先で困難に直面して悩んでいる人、休職、退職して「また働けるようになるだろうか」と不安でいっぱいの人は、働き方はひとつではないと心にとめておきましょう。それぞれの特性、そのときどきの状況に応じた就労形態を選ぶことができます。

まず、障害のある人の就労形態としては、一般就労と福祉的就労があります。一般就労とは読んで字のごとく、企業などに就職して働く一般的な就労の形です。企業の求人に対して応募し、採用選考を経て入社します。

一方の福祉的就労は、一般就労が難しい障害者を対象とした就労の形です。障害福祉サービスのなかで訓練の一環として働く機会を得ます。本人の障害の特性に加え、そのときどきの状態や体調などに合わせて、支援を受けながら柔軟に働くことができます。

一般雇用と障害者雇用

一般就労についても選択肢があり、一般雇用と障害者雇用に分かれます。

一般雇用というのは、障害のある人もない人も同じ条件で働くことで、いわゆる一般的な働き方です。職種が限定されることもなく、高収入、好待遇の求人を探すことができますが、障害のない人と同じ労働環境で働くことになり、体調、状況によりハードすぎる可能性があります。

一方の障害者雇用は、発達障害の場合、療育手帳または精神障害者保健福祉手帳をもっている人が対象となります。職場で特性に対する配慮や支援が得やすいのがメリットですが、一般雇用に比べると求人が限られます。

就労形態とそれぞれの特徴

一般就労と福祉的就労の違い

一般就労

一般的な就労の形態。仕事の内容や作業量などは経営者の裁量しだいで、労働者の希望通りになるとは限らない。「一般雇用」と「障害者雇用」がある。

福祉的就労

働き手は労働者であり、かつ障害福祉サービスの利用者でもある。仕事の内容、作業量など希望が通りやすい。代表例が、「就労継続支援A型」(P122参照)と「就労継続支援B型」(P124参照)。

覚えておきたい ミニ知識 特例子会社の制度

雇用人数を親会社が合算、雇用率を算定。

従業員が一定数以上の民間企業は、障害をもつ従業員の割合を2.3%の法定雇用率以上にするよう義務づけられています。ただ、障害者が働きやすい環境を整えるには資金も人材も必要になります。

そこで、障害者の雇用の促進と安定を図るため、障害者のために環境を整えた子会社をつくって雇用を進め、法定雇用率を満たせるようにしたのが特例子会社です。一定の要件を満たしていれば特例として認められ、親会社の雇用率に算定できます。

つまり、特例子会社で働くことは、障害者雇用となります。これまでは知的障害、身体障害のある人がメインでしたが、法改正により精神障害者も雇用率算定の対象となり、発達障害がある人の雇用も増えてきています。障害者に配慮された環境であり、障害についての理解があることが大きなメリットです。

※法定雇用率は、2024年4月に2.5%、2026年7月に2.7%と段階的に引き上げとなる。

3

障害者雇用促進法により障害を理由とした差別は禁じられている

あらゆる局面での差別を禁止

障害があることを理由として、事業主が差別的な扱いをすることは、障害者雇用促進法により禁止されています。この法律は正式には「障害者の雇用の促進等に関する法律」といいます。

目指しているのは、障害がある人もない人も社会の一員としてともに働き、障害者が自立して生活できる共生社会の実現です。事業主は障害者を雇用することが義務づけられており、身体障害者、知的障害者に加え、精神障害者の雇用も法的義務とされたのは2018年のことです。

差別が禁じられているのは、募集・採用に始まり、配置、昇進、賃金、雇用形態の変更、福利厚生など、あらゆる局面です。その人の労働能力を適正に評価せず、単に障害者であることを理由にした差別は違法となります。

たとえば、障害のある人にだけ「この資格をとらないと、希望する職務につけない」と健常者より不利な条件をつけたり、「障害者は管理職になれない」と排除したり、「障害者には無理だから辞めたほうがいい」と退職を勧めたりするのは明らかな差別です。

差別か否かの線引きは難しい

ただし、実際には、違法となるあからさまな差別は避けつつも、障害者本人が「差別だ」ととらえる処遇（しょぐう）を受けることが少なからずあります。

たとえば、実務上の理由をあげて意に反した異動を命じたり、事実上の左遷（させん）にしたり、賃金に差をつけたりするケースです。上司や同僚の態度から職場にいづらくなり、退職に追い込まれる場合もあります。障害による差別か否か、現実として線引きが難しいのも事実です。

障害者雇用促進法の定めるルール

差別の禁止

「障害者の雇用の促進等に関する法律(障害者雇用促進法)」により、すべての事業主は障害があることを理由とした差別的扱いを禁じられている。

<募集・採用時の差別例>

× 障害者を募集や採用の対象から除外する。

× 障害がある人にだけ一定の資格を求めるなど、募集・採用において不利になる条件をつける。

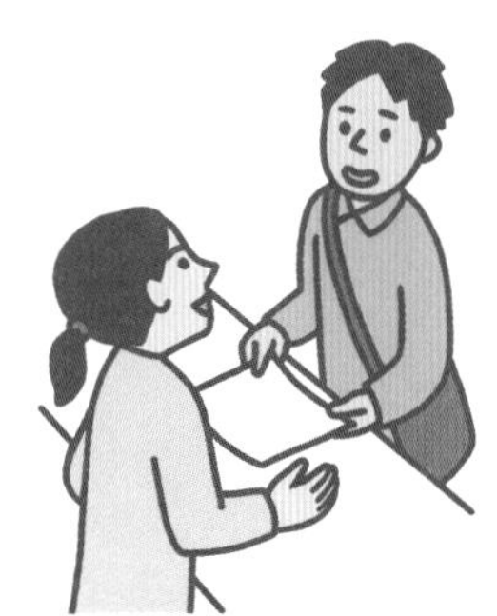

<採用後の差別例>

× 労働能力を適正に評価せず、障害を理由に賃金、配置、昇進などでほかの社員と異なる扱いをする。

× 教育訓練などをほかの社員と同様に行わない。

覚えておきたい ミニ知識

相談体制の整備・苦情処理・紛争解決の援助

障害者雇用促進法には、「相談体制の整備・苦情処理・紛争解決の援助」についても定められています。

●相談体制の整備

事業主は障害のある従業員の相談に対応する部署や担当者を定めるなど、相談窓口を設けなければなりません。そうやってあらかじめ相談窓口を定めておき、採用された障害者に知らせる必要があります。

相談窓口の担当者が相談を受けたときにきちんと対応できるように、事業主はマニュアルなどを作成し、相談体制を整備します。

●苦情処理

障害のある従業員が、障害者に対する差別、合理的配慮の提供義務について苦情を申し立てた場合、まずは当事者で話し合いが行われます。障害のある当人と事業主、相談窓口の担当者などで、問題を解決するために自主的に努力をするということです。

●紛争解決の援助

苦情の解決ができなかったときは、行政機関(都道府県労働局長)による助言や指導を求めるか、第三者機関による調停を申請するというしくみがあります。

法律で定められた障害者雇用の合理的配慮

募集・採用時から配慮を求められる

障害がある人が就労する際は、企業に合理的配慮を求めることができます。学校教育で子どもが必要とする合理的配慮が求められるのと基本的に同じです（P74参照）。前項でも紹介した「障害者の雇用の促進等に関する法律（障害者雇用促進法）」、さらに「障害を理由とする差別の解消の推進に関する法律（障害者差別解消法）」に、すべての事業主には障害のある労働者に合理的配慮を提供する義務があると記されています。

この障害がある人への合理的配慮は、入社して働き始めてからのことに限りません。求人の募集、採用時から合理的配慮をするように求められています。そして、採用後には、ひとりひとりの特性に応じて困りごとに対応し、配慮することが義務づけられています。

具体的な希望を伝え、話し合う

事業主が障害について把握している場合は、当人が働き始めるまでに職場で支障となる事情がないか確認することになっています。雇用してから障害がわかった場合や、働いているうちに障害が生じた場合は、事業主がそれを把握したらすみやかに確認するとされています。

もちろん、自分から支障があると申し出ることもできます。事業主はそれを改善するためにどのような措置を希望するのか本人に確かめ、話し合いを行います。その話し合いを踏まえ、本人の意向を尊重しつつ、判断がなされます。企業の側に過重な負担になると判断されると希望通りにはいきませんが、別の措置を話し合うことはできます。障害の状態や職場の状況は変化しますから、定期的な見直しが行われます。

発達障害への合理的配慮の例

募集及び採用時

- 面接の際、就労支援機関の職員などの同席を認める。
- 面接、採用試験で文字によるやりとりや試験時間の延長などを行う。

採用後

- 業務指導や相談に関し、担当者を定める。
- 業務指示やスケジュールを明確にし、指示をひとつずつ出す、作業手順について図を活用したマニュアルを作成するなどの対応を行う。
- 出退勤時刻、休暇、休憩に関し、通院、体調に配慮する。
- 感覚過敏を緩和するため、サングラスの着用や耳栓の使用を認めるなどの対応を行う。
- 本人のプライバシーに配慮したうえで、ほかの労働者に対し、障害の内容や必要な配慮などを説明する。

資料　厚生労働省「合理的配慮指針」

覚えておきたい ミニ知識

障害者職業生活相談員の制度

障害のある人が5人以上働いている事業所には、障害者職業生活相談員が置かれています。「障害者雇用促進法」にもとづき、厚生労働省の定める資格をもつ従業員のなかから選ぶように義務づけられています。有資格者がいない場合は、選ばれた人が資格認定の講習を受けて、その役目を果たすことになります。

この障害者職業生活相談員とは、障害をもつ従業員が安定して働き続けられるように相談、指導を行う役目です。具体的には、障害の特性に応じた仕事の選定、施設設備の改善などの作業環境の整備、労働条件や職場の人間関係など、困りごとの相談に応じ、サポートを行います。

5 就職に必要なことを考えてみる

就労に向けて土台づくりを

就労について検討する際は、自分自身の準備が十分にできているかを落ち着いて客観的に考えてみることも重要です。「早く仕事を見つけたい」「すぐに社会復帰したい」と気持ちがはやっても、まだ体調や生活リズムなどが万全ではない可能性もあります。無理を重ねて求職活動に突き進んでしまうと、期待したようには進まないでしょう。

健康面、生活面などに支障がある場合、仕事を探す前に準備段階として支援を受け、しっかりと土台づくりをするところから始めるのが賢明です。

そのうえで、対人技能を向上させ、基本的な労働習慣を身につけるといった支援を受けることも考えられます。これまでの職場でさまざまな問題が生じて退職した場合など、自身の特性に合わせたトレーニングやサポートを受けてから就職したほうが、次の職場で安定して働ける確率が高まるはずです。

職業準備の図を目安として活用

その人が職業につく準備ができているかどうかをチェックする目安として、「職業準備性ピラミッド」「就労準備ピラミッド」などと呼ばれるピラミッド形の図を見たことがあるかもしれません。一番下の「健康管理」「日常生活」からひとつひとつ積み上げていくイメージです。

すべての要素ができないと上の段に進めないわけではないので、本書はピラミッド形にしていません。発達障害の特性から困難なこと、できないこともあるでしょう。企業に配慮を求めたり、支援機関のサポートを受けたりして対応策を考えてみましょう。

職業準備のチェック項目

職業適性

○就労能力の自覚(作業適性・量)　○作業速度　○能率の向上
○指示理解　○作業の正確性　○作業環境の変化への対応

基本的労働習慣

○一般就労の意欲　○作業意欲　○持続力　○働く場のルールの理解
○危険への対処　○作業態度　○仕事の報告　○欠勤時の連絡
○出勤状況(安定出勤)

対人技能

○挨拶　○会話　○言葉づかい　○協調性　○共同作業
○非言語的コミュニケーション　○感情のコントロール　○意思表示

生活のリズム・日常生活

○起床　○生活リズム　○身だしなみ　○金銭管理
○社会性(生活の中のルールを守る)

健康管理・病気の管理・体調管理

○食事　通院している場合は○定期的な外来通院　○服薬管理
○体調不良時の対処　○自分の障害・症状の理解　○援助の要請(SOS 発信)

- できていることが増えれば、土台がかたまり、安定した職業生活につながりやすい。
- すべてクリアしなければいけないということではない。
- 難しいこと、課題は、どんな配慮、支援があればクリアできるか考えてみる。

参考：独立行政法人高齢・障害・求職者雇用支援機構山梨支部　山梨障害者職業センター HP

6

就労支援に関わる機関はハローワーク、地域障害者職業センターなどいくつもある

一貫した支援を行うハローワーク

「仕事の探し方がよくわからない」と悩んでいる場合、まずはハローワークに相談してみることが考えられます。ハローワークの対象は健常者だけのように誤解されていることがありますが、障害のある人のための相談窓口があり、専門知識のあるスタッフが対応しています。

ハローワークには発達障害に特化した支援のしくみもあります。具体的な求人の情報を提供するより前に、本人の希望や状況をじっくり聞き取り、就労に向けて準備が整うように支援を行っています。

また、ハローワークが単独でサポートするのではなく、必要に応じてほかの機関と連携している点も、利用者にとって大きなメリットとなります。ひとりひとりの特性に応じた支援が得られるようにほかの機関とチームを組

就労関連の相談窓口

地域障害者職業センター

- 障害者ひとりひとりの希望と特性、能力などを評価し、就労準備の訓練、職場適応援助などの職業リハビリテーションを行う。
- 精神障害のある人には医療機関と連携し、総合的な支援を行う。
- 各都道府県に置かれているほか、数か所の支所がある。

障害者就業・生活支援センター

- 障害のある人の就労と生活に関する相談に対応。
- 就労に向けた職業準備訓練、実習のあっせんなどを行う。
- 地域の保健、福祉などの機関と連携、生活習慣、健康管理、金銭管理など日常生活の自己管理のアドバイスも行う。
- 比較的数が多く、身近な地域でサービスを受けられる。

ハローワーク

- 職業相談、紹介などを行う総合的な雇用サービス機関。
- 障害のある人のための相談窓口では、専門知識のあるスタッフが担当制で相談に応じ、障害の種類、程度、特徴などに応じた支援を行う。
- ほかの関係機関とチームを組んでサポートする。

市区町村の窓口

- 障害のある人に対して就労関係の支援を行う機関や、さまざまなサービスについて情報を得られる。
- 障害福祉サービスの活用のしかたについて相談できる。

んで、就職後も定着して働き続けられるように一貫したサポートを行っています。

ほかの機関に直接相談してもOK

ハローワークが連携するおもな機関には、地域障害者職業センター、障害者就業・生活支援センターがあります。ハローワークを通さず直接相談することもできます。

地域障害者職業センターは、障害のある人への職業カウンセリングや職業リハビリテーションを提供する機関です。その人の能力の評価などを行い、作業体験、訓練、講習などを通して能力の向上を図ります。

障害者就業・生活支援センターは、地域においての就業と生活面の一体的な相談と支援を行っています。住んでいる地域の保健、福祉、教育などの関係機関とネットワークを構築しており、身近な存在ともいえるでしょう。

また、「何から始めたらいいかわからない」「どう相談したらいいかわからない」という場合は、市区町村の窓口で相談してみる方法もあります。障害福祉サービスを利用しているか利用したことがある場合は、サービスの提供機関に聞いてみるのも手でしょう。

対人関係などに困難を抱える人へのハローワークによる就労支援

若年層向けのプログラム

ハローワークには、発達障害の特性により就職が難しい人へのさまざまな支援策が用意されています。

そのひとつが「若年コミュニケーション能力要支援者就職プログラム」です。対象は就職を望んでいるけれど、コミュニケーションや対人関係が苦手な34歳以下の人です。安定して働くことができずに転職を繰り返している場合や、いくら求人に応募しても採用されない場合などに、考慮してみるといいでしょう。発達障害の診断を受けていなくとも、その特性がある人は対象となります。

支援を行うのは、一般相談窓口に配置されている就職支援ナビゲーターです。精神科医、学識者など専門的知識と経験をもつ発達障害者専門指導監から助言や指導を受けながら、個別に支援を行います。本人の希望や状況に応じて障害者向けの専門機関などと連携し、必要な支援が受けられるように後押しし、就職に向けて総合的にサポートしていきます。ただし、どこのハローワークにも配置されているわけではありません。

発達障害に特化したサポートもある

ハローワークには発達障害に特化した「発達障害者雇用トータルサポーター」の制度もあります。精神保健福祉士や臨床心理士などの資格をもった専門相談員が、困りごとのカウンセリングから就職後の相談まで一貫した支援を行うのが特色です。発達障害の専門機関と連携し、就職に向けて必要な準備などをサポートしていきます。ただ、この「発達障害者雇用トータルサポーター」についても、やはり配置されているハローワークは限られています。

ハローワークの支援制度

若年コミュニケーション能力要支援者就職プログラム

＜対象＞

- 34歳以下。
- コミュニケーション能力や対人関係に困難がある人。
- 何度も求人に応募したが採用されない人。
- 短期間で転職を繰り返している人。
- 発達障害がある人、診断がなくとも特性がある人。

＜内容＞

- 発達障害などさまざまな要因によりコミュニケーション能力に困難を抱える人が、自身の特性と支援の必要性に気づき、適切な支援を受けられるように誘導する。
- 発達障害者への専門的支援の強化を図ることなどにより、それぞれのニーズに応じた相談・支援を行い、円滑に就職できるよう図る。

発達障害者雇用トータルサポーター

＜対象＞

- 発達障害の診断を受けている人。
- 就職が困難な人。
- 短期間に転職を繰り返している人。
- 専門機関の支援は受けていない人。

＜内容＞

- 就職に向けたカウンセリング。
- 専門機関などの支援につなげ、連携体制を構築。
- 就職準備プログラム、職場実習の実施。
- 就職後の定着相談まで一貫した支援を行う。

覚えておきたい ミニ知識

精神障害者雇用トータルサポーター

ハローワークには、発達障害以外の精神障害までカバーする「精神障害者雇用トータルサポーター」という制度もあります。緊張感や不安感が非常に強い人、生活面での課題がある人、転職を繰り返している人、自身の障害の受容、認知が十分でない人などが対象です。

やはり精神保健福祉士や臨床心理士の資格をもつ専門スタッフが支援にあたります。全員が発達障害に詳しいとは限りませんが、発達障害者雇用トータルサポーターよりは数多く配置されています。

若年コミュニケーション能力要支援者就職プログラムのしくみ

若年者の就職支援機関

高等学校などの教育機関

発達障害者支援センター

当事者団体

連携

発達障害者専門指導監

発達障害の知識と経験をもつ精神科医、学識者、発達障害者支援センター所長などの専門家を委嘱。発達障害者などの日常的支援に対して助言、指導。

連携

就職支援ナビゲーター

ハローワークの一般相談窓口に配置

若年求職者

- 障害者向け専門支援を選択しない場合
- 障害者向け専門支援を選択する場合

就職支援ナビゲーターによる個別支援

- カウンセリング
- 求人開拓
- 面接同行
- 事業所見学
- 対人技能トレーニング

個別支援を経た後、専門支援を希望する場合

就職

誘導

誘導

専門支援機関

- ハローワークの専門援助部門
- 地域障害者職業センター
- 障害者就業・生活支援センター
- 発達障害者支援センター
- その他の支援機関

資料：厚生労働省HP「若年コミュニケーション能力要支援者就職プログラム」

発達障害者雇用トータルサポーターの役割

＜発達障害者支援センター＞

就職に向けたカウンセリング

（就職に向けた課題の整理、必要な支援の決定）

＜事業所＞

- 課題解決のための相談援助
- 個別定着支援
- 専門支援機関と企業の橋渡し

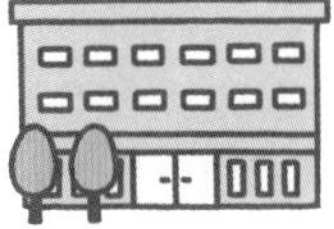

アウトリーチ　**アウトリーチ**

＜ハローワーク＞

発達障害者

就職に向けたカウンセリング、支援方針の策定、就職準備プログラム、職場実習の実施、就職後の定着相談

発達障害者雇用トータルサポーター

精神保健福祉士や臨床心理士などの有資格者

支援依頼

連携

＜地域障害者職業センター＞

- 職業評価
- 準備支援
- ジョブコーチ支援

＜障害者就業・生活支援センター＞

＜就労移行支援事業所＞

＜医療機関＞

資料：厚生労働省HP「発達障害者雇用トータルサポーターによる一貫した専門的支援の実施」

8

適性に応じた職業訓練が受けられるハロートレーニング

ハロートレーニング（職業訓練）受講の流れ

Step 1　ハローワークで求職申し込み・職業相談

希望する仕事の内容などを相談（ハロートレーニング受講には訓練の必要性などがハローワークに認められる必要がある）。

↓

Step 2　訓練の受講申し込み

相談のうえで希望するコースが決まったら申し込む。

↓

Step 3　面接・筆記試験などを受験

訓練コースによって選考試験がある。

↓

Step 4　合格・受講あっせん

合格するとハローワークが受講をあっせんする。

↓

Step 5　受講の開始

訓練を受け、終了したらハローワークで就職支援を受ける。

幅広い分野の訓練コースがある

専門的な技能や知識があれば、就職にあたってプラスに働きます。ハローワークが窓口となって提供される職業訓練として、「ハロートレーニング」があります。

対象となるのは働きたい人すべてで、障害のある人を対象にした訓練コースも用意されています。学べる分野は事務系からIT、建設・製造、サービス、介護、デザインまで多岐にわたり、多様なコースが設けられています。資格の取得を目指すコースもあります。

とくに興味のある分野や職種がある場合は、ハローワークで相談してみるといいでしょう。具体的な希望がなくとも、相談するなかで適性に合った分野が見えてくるかもしれません。手続きは基本的にハローワークで行われ、受講を申し込み、選考試験に合格すると入校となります。

ハロートレーニング（職業訓練）を行う機関

【国立】

国立職業リハビリテーションセンター（埼玉県）
国立吉備高原リハビリテーションセンター（岡山県）

訓練期間／原則1～2年

訓練科・コース／機械製図科、電子機器科、OA 事務科、経理事務科、職業実務科、職業開発科など

【都道府県が運営】

障害者職業能力開発校

訓練期間／数か月～1、2年（各校・コースによる）

訓練科／就業支援科、職域開発科、調理・清掃サービス科、オフィスワーク科、ビジネスアプリ開発科、ビジネス総合事務科、グラフィック DTP 科、ものづくり技術科、建築 CAD 科、製パン科、実務作業科、OA 実務科

※東京障害者職業能力開発校の例

訓練の期間は、2か月から半年のコースが多く、そのほか1年間、2年間のコースもあります。公的制度なので、一部のテキスト代が自己負担となるほかは、受講料は基本的に無料です。受講中も雇用保険（失業保険）は受給できますし、雇用保険がない場合、一定の要件を満たすと給付金が支給される制度があり、生活費にあてられます。

発達障害者向けのコースも設置

訓練を行う機関としては国立の職業リハビリテーションセンターが2か所あり、精神障害者、発達障害者など特別な支援が必要な人を積極的に受け入れています。そのノウハウは、都道府県に置かれた障害者職業能力開発校などに提供されています。

障害者職業能力開発校では、障害の適性に合わせた普通職業訓練、高度職業訓練が行われ、コースやカリキュラムは学校により異なります。高度な専門技術、資格が得られるコースなどもあります。一般向けの職業能力開発校のなかにも、精神障害者、発達障害者向けコースがあるところがあります。ほかに、都道府県から委託された民間の教育訓練機関の訓練コースなどもあります。

9

就労準備の入口になる地域障害者職業センター

発達障害に特化したプログラムがある

働きたい気持ちがあっても、どんな仕事なら力を発揮できるか、どうすれば体調を維持して働き続けられるか、よくわからないこともあるでしょう。

就職の前に準備が必要な場合、地域障害者職業センターで職業準備支援を受けることができます。同センターはハローワークとも連携して障害者に専門的な職業リハビリテーションを提供していて、発達障害者に対する体系的支援プログラムもあります。都道府県に一か所のみの場合が多いため、通いにくいことがあるのが難点です。

まず、当事者の相談に応じ、職業評価がなされます。得意と苦手、注意力や集中力、性格や考え方の特徴、生活状況、受診状況などを聞き取り、職業適性検査などもあります。パソコンのデータ入力、書類の仕分けや部品の組み立てなど実際に作業を行って能力評価がなされ、現状を把握、整理したうえで支援プランがたてられます。

講座と体験実習の職業準備支援

支援プランができたら、職業準備支援に移ります。期間は原則12週間までで、ひとりひとりの状況に応じて設定されます。公共機関なので費用はかかりません。

たとえば、手順が明確な事務処理能力は一定水準に達していても、ストレスや疲労にうまく対処できない場合、リラクゼーションスキルなどを講習で学びます。問題解決スキル、コミュニケーション力などを向上させるほか、職場で受けたい配慮の整理なども行われます。

加えて事業所での体験実習があり、そのなかで自分に合う仕事や働き方、特性を踏まえた工夫などを検討し、明確にしていきます。

発達障害者に対する体系的支援プログラムとは

発達障害者
（主たる障害が発達障害である人）

発達障害者就労支援カリキュラム（12週間程度）

職業準備支援

センター内での技能体得のための講座
【8週間程度】
- 問題解決技能
- 対人技能
- リラクゼーション技能
- 作業マニュアル作成技能

個別相談

模擬的な就労場面での作業支援

事業所での体験実習を通じた実践的な支援
【4週間程度】
- 事業所での体験実習

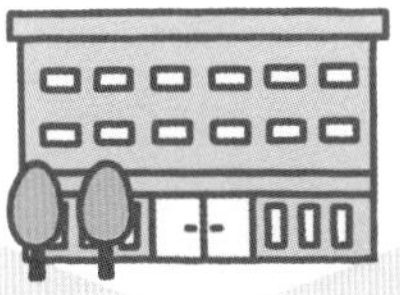

○センター内での支援から事業所内での支援に移行。
○事業所内での支援の状況を踏まえ、技能体得のための講座、個別相談、作業支援を再び実施。

関係機関との発達障害者就労支援ネットワークの構築

求職活動支援へ

資料：厚生労働省HP「発達障害者に対する体系的支援プログラム」

10

障害者就業・生活支援センターは地域の就労に関する知識が豊富な相談先

就職と生活を各種機関と連携して支援

「働きたいけれど、何から始めたらいいのか」と悩んでいるときは、障害者就業・生活支援センターに相談するのもいいでしょう。身近な地域での就職と生活面を一体的にサポートするのが特徴です。名称に「・」が入ることから、「なかポツ」「就ポツ」と呼ばれています。

障害者就業・生活支援センターの役割は、障害のある人の相談に応じて、それぞれの課題やニーズを把握し、必要な支援が受けられるようにすることです。ハローワークなどのように就職先のあっせんや職業訓練を実施するのではなく、さまざまな機関とのネットワークのなかで、総合的な支援が受けられるようにしていきます。

地域障害者職業センターより数が多く、その地域の情報、ノウハウに詳しいことも大きな利点です。「どの機関でどう支援を受けたらいいかわからない」という状況で、連携する機関の適切なサービスに導いてくれるでしょう。

目指すのは自立・安定した職業生活

就業面では、その人に必要な職業準備訓練や職場実習をあっせんしたり、履歴書の書き方などを助言したりします。就職後も安定して働き続けられるように課題や困りごとを把握し、解決のための支援を行います。

生活面では、就労のための生活習慣が身についているか定期的な面談で様子を見たり、必要に応じて医療、福祉関連の機関につないだりします。希望する人には障害年金の制度、手続きなどについて助言を行います。

同センターでは、こうして自立、安定して職業生活を送れるように支援を行います。利用は無料、予約のうえ相談に訪れ、利用登録手続きを行います。

障害者就業・生活支援センターの役割

就業支援

○就業に関する相談支援
○障害特性を踏まえた雇用管理に関する助言
○関係機関との連絡調整

生活支援

○日常生活・地域生活に関する助言
○関係機関との連絡調整

両面をサポート

資料：厚生労働省HP「障害者就業・生活支援センターの概要」

希望をできるだけ明確にすることが大切

就労についての相談先はいくつもあるので、どこに行けばいいか迷うことも多いでしょう。実際に同じような支援を複数の機関が行っていて、HPやパンフレットの説明だけでは違いがわからないことも珍しくありません。

そこで大切になるのが、「自分が何を求めているのか」を明確にすること。自分の希望やニーズ、課題などを具体的にかためておくと大変役立ちます。思い描いた通りのプログラムがあるとは限りませんが、具体的に希望を伝えると役所の相談窓口でも「それなら、この機関がこういう支援を行っている」と、対応しやすくなります。

そうして2、3軒に候補を絞り、見学してみましょう。そのなかで、「いまの自分にとっては、就職するより前に生活を立て直すことが大事だ」などと気づき、本当に必要としていた支援につながることも多くあります。

11

実際に働いて長期就労につなげる「障害者トライアル雇用」制度

障害者トライアル雇用のメリット

トライアル雇用前 → トライアル雇用 → トライアル雇用後

	トライアル雇用前		トライアル雇用後
働く人	・初めての業務がうまくできる？ ・これまでの経験は役に立つ？ ・人間関係がうまくいく？	不安の解消	・仕事への理解が深まる。 ・仕事の適性を見極められる。 ・一緒に働く人を知ることができる。 ・職場環境を知ることができる。
		相互理解	
企業	・どのように接したらいい？ ・どんな仕事を任せたらいい？ ・どんな配慮が必要？	不安の解消	・接し方がわかる。 ・その人に適した業務がわかる。 ・どんな配慮が必要か把握できる。 ・どんな支援や設備が必要かわかる。 ・環境を整えられる。

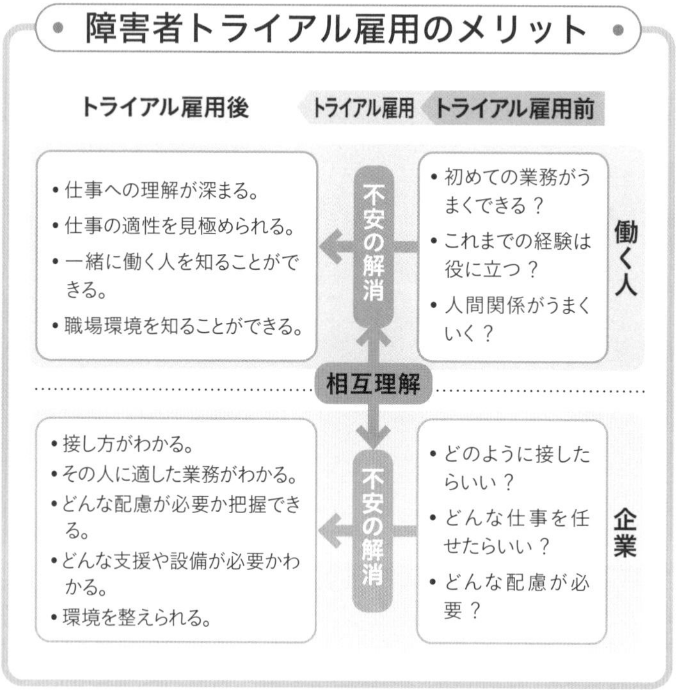

相互理解を深めたうえで正式雇用へ

新しい仕事や職場には不安がつきものです。ひとつの対策となるのが、「障害者トライアル雇用」制度の利用です。どんな職場でどのような仕事をするのか、職場の雰囲気や環境はどうなのか、人間関係はうまくいくのかなど、実際に一定期間、働いてみることで見極められます。企業の側にしても、正式に雇用する前に、その人の障害の特性を把握し、どのような仕事が向いているか判断できるメリットがあります。

トライアル期間が終わり、互いへの理解が深まったうえで互いに納得すれば正式雇用となります。実際に、全国的に約8割と高い確率で継続雇用につながっています。ミスマッチを防止できるので、その後も安定して長く働き続けられる可能性が高まります。

障害者トライアル雇用の流れ

ハローワーク、民間の職業紹介事業者に問い合わせ

⬇

「障害者トライアル雇用求人」の紹介を受け、応募する企業を決定

⬇

企業の面接を受ける

⬇

採用が決定したら期間を話し合いで決定し、有期雇用契約を結ぶ

⬇

障害者トライアル雇用で働く（精神障害のある人は原則6か月、最大12か月）

⬇

期間が終了したら継続雇用契約を結ぶ（1年を超える期間の雇用契約）

⬇

正式な継続雇用の開始

発達障害者は短時間からスタートも

制度に興味をもった場合、ハローワークまたは民間の職業紹介事業者を通じて紹介を受けます。「障害者トライアル雇用求人」のなかから、希望に合う企業、職種を見つけて応募します。選考にあたっては必ず面接が行われ、採用が決まったら有期雇用契約を結びます。

この制度の対象者としては、新しい職業への挑戦であるとか、転職を繰り返しているといった要件がありますが、精神障害のある人はすべて対象になります。

トライアル雇用の期間は、精神障害の場合、原則6か月、最大12か月間と、ほかの障害より長く定められています。期間は企業と相談して決めます。企業は助成金を受給でき、障害者の雇用機会を広げる狙いがあります。

また、精神障害、発達障害のある人は「障害者短時間トライアル雇用」制度も利用できます。「短時間なら働けそう」という場合に、週10～20時間の間でスタートし、体調に合わせて調整を行っていくものです。最大で12か月かけて慣れていき、週20時間以上の勤務を目指します。

12

支援を受けつつ働ける「就労継続支援A型」

就労系の障害福祉サービス

「一般企業への就職は難しいが、一定の時間は働く体力があり、生活習慣も整っている」というケースに向いているのが、「就労継続支援A型」事業です。一般就労とは異なる福祉的就労であり、就労系の障害福祉サービスを受ける形になります。

企業ではなく、就労の場を提供する障害福祉サービス事業所に雇用されると考えるとわかりやすいでしょう。雇用契約を結んで働くのは同じですし、収入を得て働きながら知識や技能を向上させる訓練が受けられます。

一般企業では障害者雇用であっても、障害について知識も理解もない上司にあたることがありますが、「就労継続支援A型」ではサービス管理責任者、職業指導員、生活支援員らが配置されています。同僚の多くは障害者であり、職場の人間関係や困りごとに対しても、専門職の支援者が対応します。そうして働く経験を積み、一般就労へとつなげていくことが期待されます。

職業の選択肢は限られる

A型事業を利用するデメリットとしては、選べる職業が限られることが挙げられます。都市部では屋内の清掃作業、軽作業、農作業、梱包(こんぽう)・箱詰め、飲食業など増えていますが、地域による差が大きいのが現状です。

利用期限はなく、労働時間は4~6時間が多くなっています。報酬はその地域の最低賃金です。ただし、前年度の世帯収入が一定以上であると利用料が発生します。

事業所による違いも大きいため、必ず見学し、仕事の内容や支援の状況などを確認しましょう。そのあとで自治体の障害福祉窓口やハローワークで相談します。

就労継続支援A型とは

対象	• 移行支援事業を利用したが、企業による雇用に結びつかなかった人。 • 特別支援学校を卒業し、就職活動を行ったが、企業などの雇用に結びつかなかった人。 • 就労経験がある人で、現在はどこにも雇用されていない人。 ※従来は65歳までだったが、2018年4月から要件を満たせば65歳以上でも利用可能。障害者手帳は不要。
事業概要	• 一般企業による雇用が困難な人への就労の機会の提供。 • 生産活動の機会の提供。 • 就労に必要な知識や能力向上のための訓練を支援。
雇用形態	• 雇用者は障害福祉サービス事業者。 • 業務指示を出すのは、職業指導員、生活支援員など。 • 同僚は障害者。 • 雇用期限はない。
特徴	• 適切な支援を受けて雇用契約にもとづく就労ができる。 • 1日4時間、6時間など、希望や状況に応じた時間で働ける。 • 週20時間以上の労働者は労災保険、雇用保険に加入。 • 安定した収入が得られる。 • 知識、スキルを身につけ、一般就労にステップアップする人も少なくない。
業務内容	屋内の清掃作業、軽作業、農作業、梱包・箱詰め、飲食業など(地方では職種が限定されることが多い)。
平均賃金・工賃	月額81,645円(2021年度)

13

体力、状態に合わせて利用できる「就労継続支援B型」

A型よりフレキシブルな非雇用型

福祉的就労には「就労継続支援A型」事業に加えて、「就労継続支援B型」事業もあります。対象となるのは、A型のように事業所と雇用契約を結んで働くことは難しい人です。このため、非雇用型といわれます。

現状として週5日働くほど体力がなく、体調も生活も乱れてしまっている場合など、無理のない範囲で通所を始め、作業するなかで改善させることが考えられます。

A型と同じく、サービス管理責任者、職業指導員、生活支援員が配置されていて、作業面、対人関係などのスキルを少しずつつけていくよう支援が行われます。

原則としては週数日、短時間でもよいため、「とりあえず自宅の外に出て、ほかの人たちと接する練習から始めたい」という目的での利用もできます。自分の体力と状態に合わせて通所できるのがメリットです。

見学して自分に合うか確認

具体的な作業は、パンやお菓子の製造、裁縫などの手工芸、衣類のクリーニング、清掃作業、農作業など事業所によりさまざまです。作業した分に対して賃金が支払われますが、収入らしい収入にはなりません。このため、生活保護を受けながら利用するケースも少なくありません。

事業所によって雰囲気や環境、設備なども大きく違うため、必ず見学するようにしましょう。利用者が和気あいあいとおしゃべりしながら作業しているところもあれば、ひとりひとりが静かに作業を進めているところもあります。実際に見学し、自分の状態と希望に合っている事業所を絞り込んでから、自治体の障害福祉窓口に相談するのが一般的な流れです。

就労継続支援B型とは

対象	• 就労経験がある人で、年齢や体力の面から一般企業に雇用されることが困難になった人。 • 50歳に達している人または障害基礎年金1級の受給者。 • 上の2つに該当しない人で、就労移行支援事業者などによるアセスメントにより、就労面での課題などの把握が行われている人。 ※障害者手帳は不要。
事業概要	• 一般企業による雇用が困難で、雇用契約にもとづく就労も困難な人への就労の機会の提供。 • 生産活動の機会の提供。 • 就労に必要な知識や能力向上のための訓練その他、必要な支援を実施。
雇用形態	• 雇用契約はない。 • 利用期間の制限はない。
特徴	• 通所しながら体力をつけ、仕事につけるように生活習慣を整えることも可能。 • 本人の体力、状態に合わせ、無理のない範囲で柔軟に通うことができる。 • 原則的には「1日何時間以上、週何日以上」といった縛りがない。 • あまり収入が得られない。 • ほかの人たちとともに作業するなかで対人関係の経験ができる。
業務内容	パンやお菓子の製造、手工芸、衣類のクリーニング、清掃作業、農作業、製品の袋詰めや値札つけ、包装など。
平均賃金・工賃	月額16,507円(2021年度)

14

働くための練習から就労につなぐ「就労移行支援」

就労移行支援事業の内容

事業所	社会福祉法人、民間企業などの障害福祉サービス事業者。
事業概要	• 生産活動、職場体験などの活動の機会の提供、就労に必要な知識、能力の向上のための訓練。 • 求職活動に関する支援。 • 適性に応じた職場の開拓。 • 就職後の職場への定着の支援。
対象	• 一般就労ができると見込まれる人。 • 原則18歳以上65歳未満(要件を満たせば65歳以上でも利用可能)。 ※専門学校、大学の在学生、アルバイトをしている人は利用不可(休職中は要件を満たせば利用可能)。
利用期間	最長2年(必要が認められた場合のみ最大1年の更新可能)。

基礎訓練、職場実習から就職へ

就労系の障害福祉サービスには、「就労移行支援」事業もあります。対象は、一般雇用、障害者雇用を目指していて、支援を受けることで一般企業への就職が見込まれる障害者です。

利用者は就労移行支援事業所に通い、安定して働くために必要な知識や能力を身につける訓練を受けます。発達障害がある人の場合、職場で求められるマナーや対人関係のスキルが問題になることが多くあります。それぞれが抱える課題を明確にし、クリアできるように勉強と練習を行うことができます。

およその流れとしては、はじめに基礎訓練として職場のルール、コミュニケーション、軽作業、パソコンスキルなどを学びます。次に、実際に企業で働いてみる職場

就職までのステップ(例)

Step1【利用開始】

Step2【基礎訓練】

パソコン、軽作業、基礎学習、事務訓練、職業評価プログラム、グループワーク、ビジネスマナー講座、ハローワーク訪問、個別面談。

Step3【職場実習】

実際に企業で体験実習を行い、得意なこと、苦手なことを整理。基礎訓練で学んだ働くルールやマナーを実践。

Step4【就職決定】

Step5【就職後の定着支援】

スタッフが職場定着を支援。また、地域の就労支援機関とも連携を図り、安定した就労生活のサポート体制を形成。

0〜3か月　3〜6か月　6か月〜

資料：社会福祉法人 横浜やまびこの里「就労移行支援事業所のための発達障害のある人の就労支援マニュアル」(平成24年度 厚生労働省 障害者総合福祉推進事業)

実習などが行われます。そこから、自身の適性に合った職場への就職につなげていきます。

就職後も、6か月間は事業所のスタッフから定着支援が受けられます。企業訪問が行われ、職場での困りごと、会社に配慮してほしいことなどを相談できるしくみです。6か月以降も、希望すれば次項で取り上げる「就労定着支援」に移行することができます。

見学して詳細を確かめて決める

近年では、発達障害がある人向けに特化した就労移行支援事業所も増えてきています。事業の内容やカリキュラムなどはそれぞれ異なるので、見学して選びましょう。個々の事業所はハローワークや地域の支援機関、企業などと連携して活動しており、そのネットワークによって実習先の選択肢の広がり、就職関連の情報量に違いが出ます。これまでの就労支援実績なども、ひとつの目安になるでしょう。自治体の障害福祉窓口などで相談すると、地域にある事業所の情報が得られます。

利用期間は最長2年です。そこまでかからず就労に移行できるケースも少なくありません。

15

就労後のサポートで早期離職を防ぐ「就労定着支援」

就職半年後から相談に対応

せっかく就職しても、ほどなくして辞める事態にならないようサポートするのが「就労定着支援」事業です。障害者の雇用は増加傾向にあるなか、早期離職を防ぎ、定着率を高めるために2018年度から始まりました。

対象は就労系の障害福祉サービスを受けて、一般企業に就職した障害者です。前項の「就労移行支援」事業を利用して就職した人は、その就労移行支援事業所から就職後6か月は相談などの支援を受けられますが、それ以降は就労定着支援の事業所が支援を引き継ぐということです。任意のため、利用には申請が必要です。

自分では十分に準備が整ったと思っていても、実際に働いてみると環境が大きく変わり、つまずいてしまうことも多くあります。生活リズム、体調、家計の管理、職

就労定着支援の内容

事業所	社会福祉法人、民間企業などの障害福祉サービス事業者(就労移行の実績がある事業所のみ)。
事業概要	• 一般就労に移行した障害者の就労定着を図るため、企業や障害福祉サービス事業所、医療機関などの関係機関などとの連絡調整。 • 就労にともなう環境変化により生じた日常生活面、社会生活面の問題に関する相談、解決に向けての指導、助言その他の支援。
対象	• 就労移行支援などの利用を経て、一般就労に移行した後、6か月を経過した障害者。
利用期間	最大3年(就職後3年6か月まで)

資料：厚生労働省HP「障害者の就労支援について」

就労定着支援のしくみ

資料：厚生労働省HP「就労定着支援の円滑な実施について」

場の人間関係、仕事の進め方など、そのままにしておくと離職につながりかねない問題について、就労定着支援事業所のスタッフが相談に応じ、解決に向けて支援します。事業所のスタッフはサービス管理責任者や就労定着支援員です。

月1回以上、自宅、企業を訪問

就労定着支援事業では、スタッフが雇用主の企業や関係機関と連携し、調整を図ることも大きな特徴です。スタッフは月に1回以上、利用者の自宅を訪問して本人の様子をうかがい、話を聞きます。一方で企業も訪問し、企業の側の話を聞き、課題を把握し、本人との間に入って解決へと導いていきます。

さらに、必要に応じて就労移行支援事業所やその他の障害福祉サービス事業所と連携したり、主治医に連絡をしたりしていきます。

利用を希望する場合、1年ごとに更新して最大3年までが支援の期間とされています。それ以降は、必要に応じて障害者就業・生活支援センターなどに引き継がれ、求める支援が受けられるようにします。

16 職場に適応するようサポートする「ジョブコーチ（職場適応援助者）」

当初は週3、4日の職場訪問

働き始めた後、長く働き続けられるように支援する制度には、ジョブコーチ（職場適応援助者）もあります。職場への適応にとくに課題がある障害者が対象です。

たとえば、障害者トライアル雇用の初日に企業を訪問し、休憩時間に本人と面談して不安や体調などを聞き取るなど、職場に慣れるまで集中的に支援を行います。週3、4日の職場訪問によって課題を把握、分析し、本人の特性を踏まえたうえで効率の良い作業の進め方、同僚との関わり方などをアドバイスしていきます。

ジョブコーチは、どこに所属するかにより3つのタイプに分かれます。配置型は地域障害者職業センター、訪問型は就労支援を行う社会福祉法人など、企業在籍型は就職する企業が所属先です。企業在籍型は同じ職場の同僚が養成研修を受けて支援担当者になるということで、あとのふたつは企業を訪問して支援を行います。

利用には企業の同意も必要

ジョブコーチは利用者本人だけでなく、企業の側にも助言して両者の橋渡しをします。本人がどのような状況にあり、力を発揮しやすくするにはどうしたらいいか、指示や指導の方法、必要な配慮などを助言します。

また、上司や同僚に本人の特性や接し方などへの理解を促し、自然とサポートできる状況への移行を目指します。さらに、主治医など関係機関とも連携します。

期間は基本的に2～4か月ですが、状況に応じて1～8か月の間で設定できます。利用にあたっては本人だけでなく企業の側の同意も必要です。地域障害者職業センターまたはハローワークなどを通じて申し込みます。

ジョブコーチとは

ジョブコーチのしくみ

事業主
（管理監督者・人事担当者）

- 障害特性に配慮した雇用管理に関する助言
- 配置、職務内容の設定に関する助言

上司・同僚

- 障害の理解に関する社内啓発
- 障害者との関わり方に関する助言
- 指導方法に関する助言

職場適応援助者
ジョブコーチ

障害者

- 業務遂行力の向上支援
- 職場内コミュニケーション能力の向上支援
- 健康管理、生活リズムの構築支援

家族

- 安定した職業生活を送るための家族の関わり方に関する助言

標準的な流れ

フォローアップ	支援期間1〜8か月（標準2〜4か月）	
	移行支援／週1〜2日訪問	集中支援／週3〜4日訪問
数週間〜数か月に一度訪問。	支援ノウハウの伝授やキーパーソンの育成により、支援の主体を徐々に職場に移行。	職場適応上の課題を分析し、集中的に改善を図る。

資料：厚生労働省HP「職場適応援助者（ジョブコーチ）支援事業について」

17

発達障害専門プログラムがある医療機関のデイケア

生きづらさを軽減するプログラム

発達障害の認知度が上がり、大人になって初めて医療機関を受診する人が急増しています。そうしたなかで近年、注目されているのが、精神科での心理・社会的支援です。一般的に精神科デイケアと呼ばれています。

その目的は、社会に適応する方法を身につけ、生きづらさを軽減すること。通所してプログラムに参加し、コミュニケーションや生活面のスキルなどを身につけます。似た特性をもつ参加者が集まることで自己理解を深め、集団行動の経験が学習と成長につながるといわれます。

先鞭（せんべん）をつけ、発達障害専門プログラムを始めたのが昭和大学附属烏山（からすやま）病院で、厚生労働省の事業としてワークブックなどが作成されています。有用性が認められ、外来治療として健康保険が適用されるようになりました。

状況、目的に合わせた選択を

発達障害専門プログラムのなかでも、自閉スペクトラム症、注意欠如・多動症に特化したプログラムもあります。また、就労支援、社会復帰に力を入れたもの、創作活動や趣味、スポーツ系のプログラムなどもあります。

時間帯、所要時間も、午前から夕方まで1日のケアのほか、午前または午後のショートケア、夕方からのナイトケアなどさまざまです。

決まった時間に通うことで生活リズムが整い、社会復帰に向けて体力がつく効果が見込まれるほか、同じような特性をもつ仲間との居場所ができる利点もあります。

興味のある人は、まずは主治医に相談してみるといいでしょう。自分自身の特性や状況、目的などに合わせてプログラムを選ぶことが重要です。

精神科デイケアのしくみ

精神科デイケアとは

内容	通所型のリハビリ。発達障害専門プログラムがある。
実施機関	病院、クリニックのほか、保健センター、就労移行支援事業所など（都市部では増えているが、地域によっては限定される）。
スタッフ	医師をはじめ、看護師、精神保健福祉士、心理士、作業療法士などの専門職。
費用	医療機関により異なる。外来治療として健康保険が適用。自立支援医療制度による軽減もあり。無料のデイケアを提供する保健センターもある。

プログラムの例

「コミュニケーションプログラム」

社会に適応した行動について話し合い、「会話を続ける・終える」などのスキルを学ぶ。

「心理教育プログラム」

発達障害の特性への正しい理解、ストレスへの対処法、感情コントロールの方法、社会資源に関する情報を学習。

「ディスカッションプログラム」

生活のなかでの困りごと、対人関係などをテーマに参加者同士が悩みを共有、解決策を考え、自己認知の促進、共感的な行動を高めていく。

資料：『発達障害者支援ハンドブック2020』東京都福祉保健局

18 業務外の病気で休職する際は健康保険の「傷病手当金」を申請

健康保険加入者の生活を保障

障害の有無にかかわらず誰しも病気やケガで会社を休むことがあります。業務外の病気やケガである場合、健康保険の加入者は「傷病手当金」を申請することができます。

近年では、傷病手当金の受給者のなかでうつ病などの精神疾患が原因である割合が大幅に増え、全体の約3分の1を占めるまでになっています(協会けんぽの2021年調査)。発達障害のある人もストレスによる適応障害、うつ病などと診断され、休職に至るケースが少なくありません。

傷病手当金は、健康保険に入っている働き手とその家族の生活を保障するために支払われるものです。3日間、連続して休むと「待期期間の完成」とみなされ、4日目の欠勤日から支給されるしくみです。ただし、病気やケガが仕事に関連する場合は、労災保険の適用となります。

支給期間を通算での日数に見直し

受給できる金額は、給料の3分の2程度です。加入している健康保険による違いがありますし、加入期間が1年未満である場合の規定も別にあります。

支給期間については、法改正により2022年1月1日から通算して1年6か月までと変更がありました。以前は支給開始日から1年6か月を経過した時点で、その間に出勤した日があっても支給できなくなっていました。それが途中に不支給の期間がある場合は、1年6か月を超えて支給されるようになったのです。

傷病手当金を受給している期間中は、月に一度程度は定期的に医療機関を受診し、働けない状態であると診断を受ける必要があります。

傷病手当金とは

傷病手当金の概要

給付要件	被保険者が業務外の事由による療養のため欠勤するときに、働けなくなった日から3日を経過した日から支給される。
支給額	• 直近12か月の標準報酬月額の平均額の30分の1の額の3分の2に相当する金額を、日単位で支給。(国共済・地共済は、標準報酬の月額の平均額の22分の1に相当する額の3分の2に相当する額。私学共済は、標準報酬月額の平均額の22分の1に相当する額の100分の80に相当する額)。 • 被保険者期間が1年に満たない場合、その期間の標準報酬月額の平均額と加入する保険の全被保険者の標準報酬月額の平均額の低いほうの額を算定の基礎とする。

資料：厚生労働省HP「傷病手当金について」

支給期間の考え方

改正後の傷病手当金の支給期間

＊支給開始日から通算して1年6か月まで支給する。

※2021年12月31日時点で、支給開始日から起算して1年6か月を経過していない傷病手当金(2020年7月2日以降に支給が開始された傷病手当金)が対象。

資料：厚生労働省HP「令和4年1月1日から健康保険の傷病手当金の支給期間が通算化されます」

覚えておきたい ミニ知識 退職の前に考えたいこと

発達障害がある人に、うつ病などの二次障害が起こった場合、すぐさま退職するよりも、休職して傷病手当金を受給しながら今後を考えるのもひとつの方法です。

もしも退職してから傷病手当金を申請する場合は、辞めた日に働けない状態であったことが条件となります。挨拶や私物の引き取りで会社に行くと出勤したとみなされ、受給できなくなるので注意が必要です。

19 雇用保険に入っていて退職したら「就職困難者」として失業保険を申請

障害者手帳があれば対象になる

就職先で一定の期間、雇用保険に加入していた場合、会社を辞めた後に失業保険を受給できます。なかでも、精神障害、知的障害、身体障害により手帳を取得している人は「就職困難者」とみなされ、一般の人より手厚い生活保障が受けられます。失業保険が受給できる期間が長くなり、受給の開始までの期間も短くなります。

発達障害により精神障害者保健福祉手帳の交付を受けていれば、対象になります。手帳がなくとも、双極性障害(そううつ病。そう病およびうつ病を含む)、統合失調症、てんかんなどの診断書がある場合、就職困難者と認められる可能性があります。

パートやアルバイト、時短勤務でも、雇用保険に加入していて給与支払いの基礎日数が11日以上あれば、1か月として計算されます。障害者の場合は、離職前の1年間での加入期間が通算6か月以上あることが条件になります。

1年未満では受給期間は約半分に

失業保険は加入期間がどれだけあったかにより、受け取れる期間が大きく変わります。左上の表のように、1年未満で会社を辞めてしまうと、受給期間が半分ほどになります。調子を崩してつらい状況になったときでも、すぐ退職するより休職できるならしたほうが有利に働きます。

失業保険の支給額は、1日あたりの基本手当をもとに、それぞれの条件に応じた利率で計算されます。一般的には基本手当日額の50~80%で、給与が低いほど80%に近い額になります。

一般と就職困難者の違い

		就職困難者		一般
		離職時 45歳未満	離職時 45歳以上 65歳未満	（自己都合退職）
受給期間				
被保険者期間	1年未満	150日	150日	なし
	1年以上10年未満			90日
	10年以上20年未満	300日	360日	120日
	20年以上			150日
受給開始までの期間		1か月		2か月※
必要とされる求職活動の実績		月1回以上		月2回以上

※2020年10月1日以降に離職した場合。ただし、5年間で2回以上離職すると、3回目から3か月になる。

覚えておきたい ミニ知識

失業保険の受給には求職活動がマスト

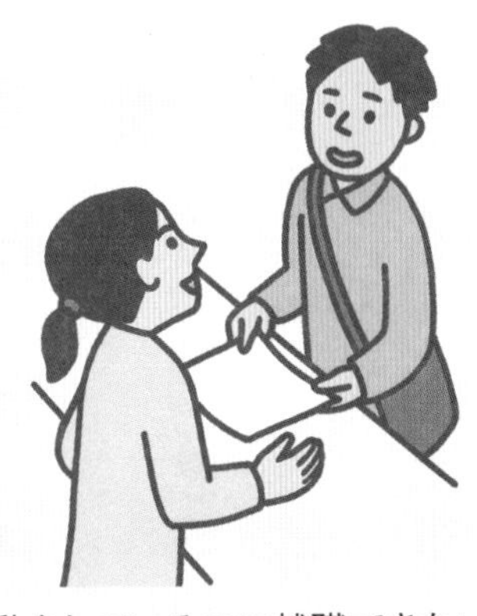

ハローワークで失業保険の申請をする際は、求職の手続きもする必要があります。これは就職困難者であっても、一般の人と同じなので気をつけましょう。

発達障害の特性や二次障害などで退職し、「まだ働くのはムリ」という状態では、残念ながら失業保険は受け取れません。就職する意思と能力があること、そして求職活動をしているのに就職できないことが、受給条件だからです。

申請の際は、ハローワークに障害者手帳、または診断書を持参し、就職困難者用の申請書をもらって提出します。

20 成人後に発達障害の診断を受けたら「障害者手帳」の取得を考えてみる

自治体により規定はさまざま

大人になってから発達障害の診断を受ける人が増えています。困りごとを抱えながらも高校までは大きな支障なく過ごしてきて、大学に進学してから、また就職してから壁にぶつかり、受診に至るケースが多く見られます。

発達障害の診断を受けた場合に、検討したいのが障害者手帳を取得するか否かです。障害者手帳のなかでも、発達障害が対象になるものは「精神障害者保健福祉手帳」と「療育手帳」です。「精神障害者保健福祉手帳」は発達障害を含む精神の障害のためのものであり、「療育手帳」は知的障害をともなう人が対象です（詳しくはP36参照）。

気をつけたいのが、「療育手帳」は18歳以上では取得方法が変わるということです。判定を受ける機関は、児童相談所ではなく、知的障害者更生相談所になります。

「療育手帳」ならではの自治体による違いもあります。「精神障害者保健福祉手帳」また「身体障害者手帳」とは異なり、「療育手帳」は都道府県や政令都市などが独自に運用しているためです。なかには、知的障害をともなわない発達障害に対しても、手帳を交付している自治体があります。

また、更新時期が10年から無期限となり、子どものように何年かおきに判定を受ける必要がなくなります。

まずは自治体の窓口に相談を

「大人の発達障害」という言葉が定着するほど、成人してから初めて医療機関を受診する人が数多くいます。自分自身の特性に合ったサポートを受けられるように、まずは市区町村の障害福祉関連の窓口に相談してみるといいでしょう。

成人の障害者手帳について

<療育手帳>

- 18歳以上では、障害者福祉センター、障害者相談センターなどの知的障害者更生相談所で判定を行う。
- 子どものように成長とともに知的水準が変動していくことが見込めないため、更新は10年～無期限となる。
- 都道府県や政令都市により申請の方法が異なるため、まずは市区町村の障害福祉関連の窓口に相談する。
- 知的障害をともなわない発達障害にも交付する自治体がある。

<精神障害者保健福祉手帳>

- 基本的に子どもの場合と同じ。
- 取得したい場合、まずは市区町村の担当窓口で相談し、申請に必要な書式をもらう。
- 主治医に所定の様式で診断書を作成してもらう。
- 障害年金の受給者は、診断書の代わりに証書の写しを提出すればよい場合もある。
- 有効期限は交付日から2年間。2年ごとに診断書を添えて更新を申請し、等級の審査を受ける。

取得までのプロセス

市区町村の障害福祉関連窓口に相談

- 住んでいる地域の規定、サービスなどについて正確な情報を得る。
- 申請の方法、必要書類を確認。

←

取得するか決める

←

申請する場合

- 必要書類をそろえて提出する。
- 療育手帳の場合、障害者福祉センター、障害者相談センターなどの知的障害者更生相談所で判定を受ける。

←

交付

- 判定の結果、交付されない場合もある。

21 大人が障害者手帳を取得して得られるメリット

働けるように手厚く支援

「障害者手帳」を取得するか否かは、人ぞれぞれの考え方に加え、解決したい困りごとや置かれている環境などによっても異なります。子どものころは保護者の意向が大きく働きますし、手帳がなくとも受けられるサービスが多くありますが、大人になると状況が変わります。

大人になってから障害者手帳を取得する意味合いとしてもっとも大きいのは、手厚い就労支援が受けられることです。基本的に手帳がある人を対象としたサービスが多く、障害者雇用で働く選択肢もできます。一般雇用で働く場合も、手帳は障害の公的な証明なので、必要な配慮を職場に求めやすくなります。

概して障害者手帳を取得すると、困りごとを解決するための支援を受けやすくなると考えるといいでしょう。

就労以外にも幅広いサービスがあり、自治体による違いはありますが、障害等級などが該当すれば利用できます。

デメリットも含めた検討が重要

障害者手帳を取得するメリットは多々ありますが、デメリットも含めてあらかじめ入念に検討することが重要です。十分に納得していたつもりでも、いざ交付されると精神的に落ち込むケースがあるためです。

障害者手帳をもっていることは、自分から開示しなければ家族にも職場にもわかりません。家族が反対している場合でも、自身の気持ちしだいで取得できますが、人生設計に影響することは覚えておいたほうがいいでしょう。取得後は生命保険、医療保険に加入しにくくなり、住宅ローンなども組みにくくなることがあります。以前からの保険やローンには影響はありません。

障害者手帳をもつメリット、デメリット

メリット

- 障害があることの公的な証明になる。
- 就職・転職にあたり、職業訓練、紹介をはじめ必要とする支援を受けられる(障害者手帳の有無にかかわらず受けられる支援もある)。
- 障害者雇用により仕事につくという選択肢が増える。
- 職場で必要となる合理的配慮を求めやすい。
- 税の控除、医療費の助成、各種料金の減免、割引など、金銭的な負担が軽減する。
- 生活全般での困りごとに関して障害福祉サービスを受けやすい。

デメリット

- 親など家族が反対している場合、もめる可能性がある。
- 職場でオープンにした場合、偏見をもたれ、法律で禁じられていても差別を受けるケースがある。
- 友人、恋人、結婚相手に開示すると、関係がこじれる可能性がある。
- 生命保険、医療保険などへの加入が難しい場合がある(審査基準は保険会社により異なる。手帳がなくとも精神科受診の既往歴により審査に通らない場合もある)。
- 住宅ローンの審査に悪影響が出る可能性がある(審査基準は金融機関により異なる)。

障害者手帳で受けられる割引・減免の例

精神障害者保健福祉手帳の場合

携帯電話料金割引

- 月々の基本使用料が50%になるなど、キャリアにより割引が受けられる。
- 各社のプランにより通話料の割引、詳細は異なる。

上下水道料金の割引

- 自治体によっては、障害の等級などの条件に該当すると水道・下水道料金の減免が受けられる場合がある。

NHK受信料の減免

- 世帯の全員が市区町村民税非課税の場合、全額免除。
- 1級の手帳をもつ人が世帯主で、かつ受信契約者の場合、半額免除。

公共交通機関の割引・減免

【鉄道】

JR各社をはじめ全国の約半数の鉄道会社が、運賃割引を知的障害、身体障害に限定しているのが現状。精神障害向けに導入している鉄道会社では、本人と介助者の普通運賃を半額にするケースが多い。

【路線バス】

鉄道同様、運行会社と地域により異なる。

＊東京都の場合、手帳所持者には都営交通乗車証が交付され、都営バス、都営地下鉄、都電などが無料になる。

【タクシー】

運賃を10％割引にする障害者割引サービスがあるが、身体障害、知的障害に限定しているタクシー会社が少なくない。

【国内航空便】

航空会社によっては割引運賃が適用される。

公共施設の入場料などの割引

- 国立、都道府県立、市区町村立の施設は、ほとんどで入場料が無料になる。
- 対象となる施設は、公園、動物園、植物園、水族館、博物館、美術館、体育館、スポーツセンターなど。
- 介助者1名も無料になることが多い。

映画館

- 全国的に、主要映画館では通常料金を1000円に割引。
- 同伴者も同じ料金になることが多い。
- 特別料金などは別なので差額を支払う。

テーマパーク

- 東京ディズニーランド・東京ディズニーシー、ユニバーサル・スタジオ・ジャパンには障害者割引があり、同伴者1名も割引になる。
- 各地のその他のテーマパークは運営会社により異なる。

※療育手帳でも同じようなサービスを受けられますが、自治体、企業により内容は異なります。
※税控除や住まいに関するサービスは5章で取り上げます。

22 精神の障害も対象となる障害年金のしくみを知っておく

精神疾患による受給が6割

「年金＝65歳以上の人のもの」と誤解されがちですが、それは老齢年金の話です。病気やケガで仕事や生活に支障をきたした場合に受給する年金として、老齢年金とは別に障害年金の制度があります。

発達障害の特性やうつ病などの二次障害によって思うように働けないとき、障害年金は経済的な支えになります。実際のところ、発達障害や知的障害、うつ病、統合失調症などの精神疾患による受給者は増えており、全体の6割近くを占めています。

やはり誤解されやすいのですが、障害年金は障害者手帳の有無にかかわらず、要件を満たしていれば受給できます。障害の状態に応じて1級から3級に分かれますが（左表参照）、これも障害者手帳の等級とは一致しません。

初めて受診した初診日がカギ

障害年金を受け取るには、左図の3つの要件すべてを満たしている必要があります。ここでわかりにくいのが「初診日」で、これは発達障害に関連して初めて医療機関を受診した日をさします。この初診日に入っていた年金を受給することになります。

というのも、年金制度は2階建てで、20歳になるとすべての人が加入する国民年金が1階部分、会社員や公務員が加入する厚生年金保険が2階部分をなしているからです。初診日に会社勤めをしていて、厚生年金保険に加入していたなら、2階建て部分のプラスがある障害厚生年金、そうでなければ障害基礎年金の受給となります。

また、初診日が20歳未満の場合は、次項で取り上げる「20歳前傷病による障害基礎年金」の対象になります。

障害年金のしくみ

障害等級の目安

重い

1級 他人の介助がなければ日常生活がほとんど成り立たないほどの障害の状態。活動範囲がベッド周辺に限られるような状態。

2級 日常生活がきわめて困難で、働いて収入を得ることができないほどの障害。活動の範囲が自宅の中に限られるような状態。

3級 労働が著しい制限を受けるような状態。日常生活にはほとんど支障がなくとも、仕事をするには限度がある状態。

障害手当金 3級の障害よりやや程度の軽い障害が残った場合に支給される一時金。

軽い

受給のための3要件とは

＊障害の原因が発達障害である場合

① 発達障害の初診日に、国民年金か厚生年金に加入していること。

② 初診日の前日において、保険料の納付要件を満たしていること(初診日がある月の前々月までの被保険者期間のなかで、3分の1以上の保険料の未納期間がない、または直近1年間に未納がない)。

③ 障害の状態が、障害認定日に障害等級に該当していること。

障害年金の受給額

1階部分の国民年金の障害基礎年金は1級と2級、2階部分をなす厚生年金の障害厚生年金には1～3級がある。障害厚生年金1級、2級では、障害基礎年金と合わせた額を受け取ることができる(金額は令和5年度。68歳以上は金額が異なる)。

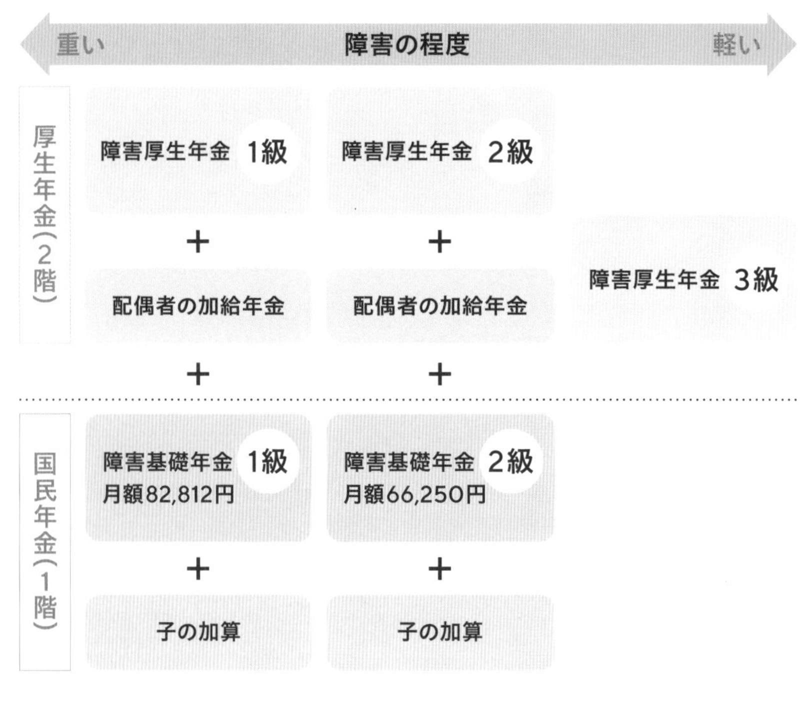

配偶者加給年金額

65歳未満の配偶者がいる場合	月額19,058円

子の加算※

第1子・第2子	1人につき月額19,058円
第3子から	1人につき月額6,350円

※18歳になった年度末まで。ただし、障害等級1級、2級の障害の状態にある子は20歳未満まで。

資料：日本年金機構HP「障害年金ガイド　令和5年度版」

障害年金Q&A

Q1 うつ病で精神科に通うなかで、発達障害と診断されるにいたった場合、初診日はいつになる？

A1 別の疾患で初めて受診した日が初診日となります。

Q2 何年も前から転院を繰り返していて、初診日がいつかわからない場合はどうする？

A2 まずは医療機関のソーシャルワーカーに相談してみるといいでしょう。年金についての相談先としては、年金事務所、街角の年金相談センター、役所の窓口などがあります。

Q3 働いていたら障害年金はもらえない？

A3 障害厚生年金3級は、日常生活にほとんど支障はないが、労働に著しい制限がある程度の状態とされています。このため、働きながら受給している人も少なくありません。

Q4 障害年金の額は変わらない？

A4 物価、賃金などの変動に応じて、毎年度見直しが行われます(老齢年金と同じ)。

Q5 体調がよくなってももらい続けることができる？

A5 発達障害により受給する場合は有期認定となります。1〜5年ごとに更新があり、障害の状態について認定を受ける必要があります。

Q6 障害年金と傷病手当金は両方もらえる？

A6 会社員が加入する健康保険による傷病手当金は通算1年6か月を限度に支給されます。制度としては、障害年金はそのあとに受給するよう考えられています。給付時期が重なっていても、両方を受け取ることはできません。

覚えておきたい ミニ知識 障害手当金

初診日に厚生年金保険に加入していた人は、障害の程度が3級に該当しない軽度であっても、障害手当金という一時金を受け取れる可能性があります。障害の状態が初診日から5年以内に治っている(症状が固定している)場合に対象となります。令和5年度の最低保証額は119万2600円です。

23

20歳前の障害で受給できる「20歳前傷病による障害基礎年金」

納付要件はないが所得制限がある

20歳になる前から発達障害で精神科などを受診していた場合、障害の状態が1級か2級に該当すれば「20歳前傷病による障害基礎年金」が受給できます。

この年金ではさまざまな例外があります。まず、まだ国民年金に加入する前なので、保険料を納付していたかが問われません。「保険料をきちんと納めていなかったから受給できない」とあきらめていた人も、子ども時代や十代のころに発達障害と因果関係のある傷病で受診していれば、受給できる可能性が開けます。

ただし、納付状況を問わないかわりに、所得による制限があります。本人が働いていて前年に一定額を超える所得を得ていた場合は、全額または2分の1が支給停止となります（左下図参照）。

初診日は20歳前と証明できればＯＫ

障害年金の制度では「障害認定日」が重要です。これは障害の状態を認定する日であり、その翌月から障害年金が受給できるようになります。通常は初診日から1年6か月を過ぎた日にあたりますが、20歳前に初診日がある場合は20歳の誕生日の前日か、初診日から1年6か月を過ぎた日の遅いほうとなります。

もうひとつ、障害年金の請求で難しいのが初診日の証明書類をそろえることです。20歳前傷病による障害基礎年金の場合、初めて受診した病院ではなく2番目以降の病院でも、20歳前の受診が証明できればよいとされています。先天性の知的障害をともなう発達障害の場合は、初診日は生まれた日になり、請求にあたり初診日を証明する書類を提出する必要はありません。

20歳前傷病による障害基礎年金のしくみ

障害の程度を認定する「障害認定日」

●20歳の誕生日の前日が障害認定日になるケース

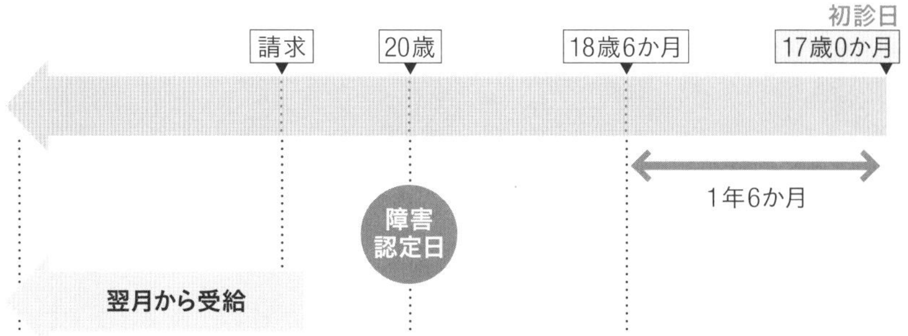

●初診日から1年6か月を経た日が障害認定日になるケース

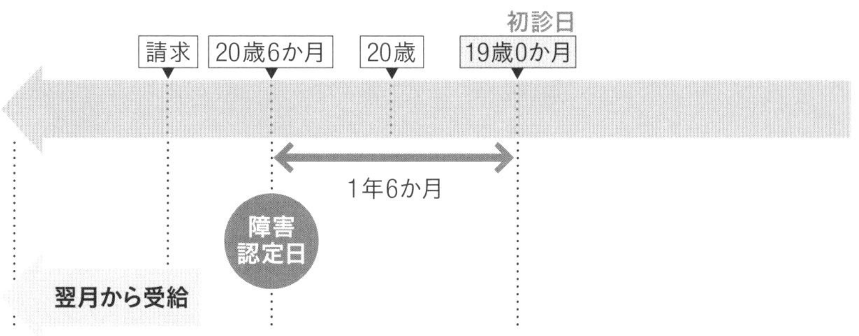

本人の所得による支給制限

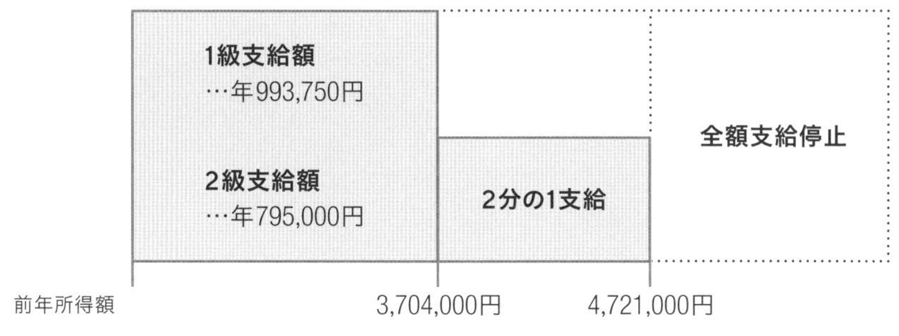

※扶養親族などがいない場合の令和5年度の額。前年の所得にもとづく支給の期間は10月分から翌年9月分まで。

24 障害年金の請求に必要な重要書類を用意して提出する

年金事務所で必要書類を受け取る

障害年金を受け取るためには、受給の要件を満たしていることを証明し、日本年金機構の審査にパスする必要があります。そこで重要になるのが、請求のために提出する書類を入念に用意することです。

まずは年金事務所などで相談し、請求に必要な書類一式を受け取ります。カギを握る書類が、「受診状況等証明書」「診断書」「病歴・就労状況等申立書」の3つです。

「受診状況等証明書」は初診日を証明するため、初めて受診した医療機関に依頼して作成してもらいます。「診断書」は、障害の程度が等級認定の基準にあてはまるかどうかの判断材料です。医師の前でつい気を張ってしまう人は、症状が実際より軽く書かれることがあり、家族などが日頃の様子を正確に伝えておく必要があります。

計画的な準備が必要

「病歴・就労状況等申立書」は、発病から現在までの状況を自分自身の言葉で伝えるものです。発達障害の場合は、発達障害に関連した受診がなくとも、生まれたときからの状況を記入します。どのような困りごと、支障があるのかを具体的に書くことが大切です。

用意ができたら、3つの書類に矛盾がないかも入念にチェックしましょう。症状や時期がずれていては疑念が生じてしまいます。

診断書は作成時期が限定されているため、計画的に準備していく必要もあります。

難しい点も多いので、必要に応じて障害者就業・生活支援センターなど支援を受けている機関、医療機関のソーシャルワーカーなどに相談するといいでしょう。

障害年金請求に必要なおもな書類

年金請求書※	障害基礎年金と障害厚生年金では様式が異なる。
受診状況等証明書	初診日を証明するための書類。一度も転院していない場合は不要(現在受診している医療機関の診断書のみでOK)。
診断書	障害等級に該当するかどうかの判断のため提出。受診している医療機関に作成を依頼する。
病歴・就労状況等申立書	発病から現在までの病歴、就労状況、日常生活の支障を自分自身で記載して作成する。
年金手帳	基礎年金番号を確認するために提出(所持している場合)。または、基礎年金番号通知書。
金融機関の通帳またはキャッシュカードの写し	金融機関名、支店番号、口座番号、口座名義人のカナ氏名が記された部分を含む預金通帳またはキャッシュカードのコピー。

※マイナンバーの記入により戸籍謄本の添付は原則不要。ただし、初診日に公務員で共済組合に請求する場合など、住民票などが必要になるケースがある。

●状況により必要となる書類

生計維持関係等確認書類	子の加算、配偶者加給に該当する場合、戸籍謄本、世帯全員の住民票、配偶者の所得証明書などが必要。
障害者手帳	障害状態を確認するための補足資料(取得している場合)。
年金加入期間確認通知書	公務員として共済組合に加入していた期間がある場合。

障害年金請求書類のポイント

受診状況等証明書

- 最初に受診した医療機関に作成を依頼する。
- 有効期限はない。
- 「20歳前傷病による障害基礎年金」では、二番目以降の医療機関でも20歳前の受診が確認できれば認められる(ただし、その受診日前に厚生年金に加入していないこと)。
- 子どものころに受診した医院の廃院などで準備できない場合、「受診状況等証明書が添付できない申立書」を提出。
- 「受診状況等証明書が添付できない申立書」には、初診日の確認に役立つ参考資料を必ず添付(母子手帳、お薬手帳、障害者手帳申請時の診断書、健康保険の給付記録、領収書、診察券、小・中学校の健康診断の記録など)。

診断書

- 障害別に8種類あるうち、発達障害、知的障害、うつ病、持続性気分障害などは「精神の障害用の診断書」を使用。
- 障害認定日から3か月以内の作成である必要があり、日付に注意(20歳前傷病による障害基礎年金の場合、障害認定日前後3か月以内の状態を記入したもの)。
- 実際より症状が軽く記載されている場合、医師と話し合い、訂正してもらう。

病歴・就労状況等申立書

- 発達障害、生まれつきの知的障害の場合は、0歳から。
- 就労状況は症状により生じた支障、受けているサポートなどを具体的に書く。
- 日常生活についても、家族のサポート、受けている障害福祉サービスなどを具体的に書く。

請求から受給までの流れ

申請書類を準備

↓

年金事務所、役所の窓口に提出 ※1

↓

日本年金機構で審査・認定 ※2

↓ 約3か月

年金証書が届く
（「不支給決定通知書」「却下決定通知書」の場合、不服申立ても可能）

↓ 約1〜2か月後

年金受給スタート

※1　初診日に公務員だった人は所属していた共済組合に提出。
※2　公務員は共済組合連合会で審査・認定。

覚えておきたい ミニ知識

社会保険労務士への依頼

体調が悪いなかで障害年金請求の準備を進めるのは非常に困難。そんなとき、費用がかかっても社会保険労務士に依頼する選択肢もあります。あまりなじみがないかもしれませんが、社会保険や労務管理などを専門とする国家資格で、「社労士」の略称もよく使われます。障害年金を専門とする人も多く、着手金が1万円程度、成功報酬は年金額3か月分程度が相場です。

25 生活関連の障害福祉サービスは「障害支援区分」認定を受けて利用

必要とする支援の度合いを認定

障害がある人が自立して暮らしていけるように、障害者総合支援法は障害福祉サービスについて定めています（P26〜29参照）。ホームヘルパーに家事を手伝ってもらったり、外出時にサポートを受けて安心して社会参加したりと、さまざまなサービスがあります（P156、157参照）。

サービスを受けるには、市区町村役場の窓口に申請し、はじめに「障害支援区分」の認定調査を受けます。障害のさまざまな特性や心身の状態により、その人に必要とみなされる支援の度合いを6段階で示すもので、その区分によって利用できる制度やサービスが変わります。

一次判定では、認定調査員の面接、調査と主治医の意見書をあわせてコンピュータ判定が行われます。二次判定では認定調査員、医師意見書の特記事項などを市区町村の審査会が総合的に検討し、区分を決定します。

サービスの利用計画を提出

希望するサービスについては、あらかじめ「サービス等利用計画案」を提出しておく必要があります。一般的には、市区町村が指定した特定相談支援事業者と契約し、作成してもらいます。

どのサービスを受けたらよいか迷う場合、この特定相談支援事業者に相談するといいでしょう。申請手続きまで依頼することもできます。希望するサービスが明確な場合、自ら作成したセルフプランが認められる場合もあります。

サービスの支給が決定したら、指定特定相談支援事業者が連絡調整を行って「サービス等利用計画」を作成します。これでサービスを受けられるようになります。

障害支援区分の認定のしくみ

障害支援区分とは

低い ← 必要とされる支援の度合い → 高い

非該当	区分1	区分2	区分3	区分4	区分5	区分6

障害支援区分の認定の流れ

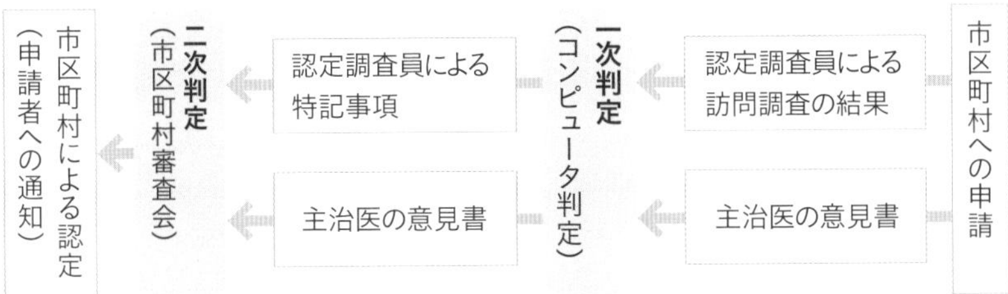

障害支援区分の認定調査80項目

①移動や動作関連

寝返り、起き上がり、両足での立位保持、歩行、移動、衣服の着脱など12項目

②身の回りの世話や日常生活関連

食事、入浴、健康・栄養管理、薬の管理、金銭の管理、日常の意思決定、危機の認識、調理、掃除、洗濯、買い物など16項目

③意思疎通関連

視力、聴力、コミュニケーション、説明の理解、読み書き、感覚過敏・感覚鈍麻の6項目

④行動障害関連

被害的・拒否的、感情が不安定、昼夜逆転、暴言暴行、落ち着きがない、収集癖、多動・行動停止、不適切な行為など34項目

⑤特別な医療関連

点滴の管理、中心静脈栄養、透析など12項目

資料：厚生労働省 HP「障害者総合支援法における障害支援区分の概要」

おもな障害福祉サービスについて

発達障害者が利用できるおもなサービスと障害支援区分の対応

	訪問系				日中活動系	
	居宅介護	重度訪問介護	行動援護	重度障害者等包括支援	生活介護	短期入所
非該当						
区分1	↑					↑
区分2	｜					｜
区分3	｜		↑		↑	｜
区分4	｜	↑	｜		｜	｜
区分5	｜	｜	｜		｜	｜
区分6	↓	↓	↓	↕	↓	↓

資料：厚生労働省 HP「障害者総合支援法における障害支援区分」

生活介護

常に介護を必要とする人に、障害者支援施設などで提供される支援。主に昼間、入浴、排せつ、食事などの介護、調理、洗濯、掃除などの家事の支援などを行う。生産活動、創作活動の機会の提供、生活能力や身体機能を向上させる支援なども行われる。

短期入所（ショートステイ）

家族の病気や入院などでいつも通り介護ができないときに一時的に入所するショートステイ。症状が比較的安定していて、治療などが必要でない人は障害者支援施設が対応。医療的管理が必要な人は、病院、診療所、介護老人保健施設などに入所する。

※障害福祉サービスのなかでも、発達障害のある人の利用が考えられるおもな介護の支援「介護給付」を取り上げています
(P27〜29参照)。

重度障害者等包括支援

常に介護を必要とし、意思疎通が非常に難しい人が対象。最重度の知的障害、精神障害で行動が著しく困難な場合などに、居宅介護、重度訪問介護、行動援護、同行介護などを包括的に提供する。

行動援護

知的障害や精神障害で行動に著しい困難があり、ひとりで外出するのが危険な場合などの支援。危険を回避できるようサポートし、行動障害の症状が出た場合は適切に対応する。安全を確保し、安心して社会参加できるよう援護を行う。

居宅介護(ホームヘルプ)

ホームヘルパーが自宅を訪問し、調理、洗濯、掃除などの家事援助、入浴、食事などの介護を行う。家族と同居していても利用できるが、手伝えるのは本人のことのみ。生活全般について相談、助言が得られる。身体介護をともなう通院の介助を行う場合は、障害支援区分が2以上で、一定の条件に該当する必要がある。

重度訪問介護

重度の知的障害や精神障害、肢体不自由により、常に介護が必要な人が対象。ホームヘルパーが自宅を訪問し、調理、洗濯、掃除などの家事や、入浴、排せつ、食事などの介護を行う。外出する際の移動中の介護なども行う。

26 長期にわたる精神科通院では「自立支援医療」により1割負担に

薬代、精神科デイケアも対象

発達障害がある人は、長期にわたって定期的に精神科の主治医のところに通うこともあるでしょう。医療費の経済的負担が通院を継続する妨げにならないように、知っておきたいのが「自立支援医療」の制度です。

健康保険の自己負担は一般的に3割ですが、自立支援医療の対象として認められると精神科の治療費が1割負担に抑えられます。軽減が受けられる範囲は、入院しないで行われる外来での精神科の医療です。診療費、処方された薬代のほか、この章のP132で紹介した精神科デイケア、訪問看護なども1割負担となります。

また、症状がほとんどなくなっているからといって、受診の必要がなくなるとは限りません。その状態を維持し、再発を防ぐために通院が必要ならば対象となります。

世帯収入によりさらなる軽減もある

自立支援医療の制度を利用するには、市区町村の障害福祉関連の窓口に申請し、「自立支援医療受給者証」の交付を受けます。まずは窓口で申請書をもらって記入し、主治医の診断書などを添付して申請します。左に提出書類を挙げました。自治体により異なる場合もあります。

交付される「自立支援医療受給者証」には、受診する医療機関の名称が記載されます。通院の際は、健康保険証と一緒に提示すると会計で支払う額が軽減されます。

さらに、世帯の所得に応じて、1割負担の金額の上限も設定されています。市区町村民税非課税世帯の人は、無料になる自治体もあります。反対に、世帯の所得が一定を超えると、この制度の対象外になります。受給者証の有効期間は1年間で、毎年更新が必要です。

自立支援医療のしくみ

申請に必要な書類

自立支援医療支給認定申請書	市区町村の障害福祉関連の窓口などで受け取る。
診断書	主治医に作成を依頼。 ※都道府県または指定都市が指定した「指定自立支援医療機関」の医師でなければならない。病院、診療所のほか、薬局、訪問看護ステーションも含まれる。指定を受けているか確認が必要。
世帯の所得が確認できるもの	• 市区町村民税課税世帯／課税証明書 • 市区町村民税非課税世帯／非課税証明書、本人の収入が確認できる書類（障害年金の振込通知書の写しなど） • 生活保護世帯／生活保護受給証明書
健康保険証	世帯全員の名前が記された被保険者証、被扶養者証、組合員証など。
マイナンバーの確認書類	個人番号、身元確認ができる書類。

自立支援医療の対象外となるもの

- 入院したときの医療費
- 公的医療保険でカバーされない治療や投薬など（例／病院、診療所以外でのカウンセリング）
- 精神障害と関係のない疾患の医療費
- 指定自立支援医療機関ではない医療機関での医療費

27 交流の場で活動プログラムがある「地域活動支援センター」

〝居場所〟として活用できる

障害のある人が〝居場所〟として活用できるのが「地域活動支援センター」です。障害者が住んでいる地域で自立して生活していく支援として設置されています。

同センターでは、創作的活動、生産活動の機会の提供、社会との交流の促進などを基礎的事業として行っています。実施主体となる市区町村が、創意工夫によって柔軟に運営することが認められています。

オープンスペースがある施設が多く、好きな時間にほかの利用者と交流できます。たとえば家でずっと過ごしていた人が第一段階の外出先としたり、就労に向けて他人と触れ合う機会をつくったり、仕事帰りや休日を過ごす場とするといった活用法があります。対象は基本的に広く障害のある人なので、さまざまな人が集まります。

地域活動支援センターとは

基礎的事業

創作的活動、生産活動、社会との交流の促進などの事業。

機能強化事業

Ⅰ型

精神保健福祉士など専門職員を配置。相談支援のほか、医療・福祉と地域の社会基盤との連携の強化、地域住民ボランティアの育成、障害に対する啓発活動など。

【利用者数】

おおむね20名以上／日

Ⅱ型

就労が困難で地域の自宅に住む障害者に対し、機能訓練、社会適応訓練、入浴などのサービスを提供。

【利用者数】

おおむね15名以上／日

Ⅲ型

地域の障害者団体などがおおむね5年以上実施していた通所施設(無認可作業所、小規模作業所など)を移行し、支援を強化。

【利用者数】

おおむね10名以上／日

相談や機能訓練、社会適応訓練も

地域活動支援センターでは基礎的事業に加えて、センターの機能強化を図る事業も行われています。機能強化事業はⅠ型、Ⅱ型、Ⅲ型の3つがあります。

Ⅰ型は、精神保健福祉士などの専門職が配置されているのが特徴です。相談支援事業も行っているため、困りごと、悩みがあるときに頼れる施設といえるでしょう。

Ⅱ型は、就労が難しい障害者を対象に、機能訓練、社会適応訓練などを行っています。

Ⅲ型は、かつて共同作業所、小規模作業所などと呼ばれた作業所を移行し、支援を強化した施設です。Ⅲ型でのみ障害者手帳を求められることが多くあります。

センターで行われるプログラムは、趣味の系統、スポーツ系、地域社会への参加など多彩です。どのような障害のある人がいるのか、若年層が多いかなど、特徴は施設により異なります。役所やインターネットなどで情報を集め、実際に訪れて見学してみるのが一番でしょう。

利用料は基本的に無料で、材料費などの実費、食事、入浴などの費用の一部負担があるケースもあります。

28

精神の障害と心の健康の専門的相談は「精神保健福祉センター」が対応

専門家による電話・来所・訪問相談

発達障害のある人が社会に出ると、それぞれの脳の特性によってさまざまな困難にぶつかり、過度のストレスから深刻な状況に陥ることがあります。精神の障害と心の問題について専門的な相談ができる機関として、「精神保健福祉センター」の存在を知っておくといいでしょう。

同センターは精神保健の向上、精神障害者の福祉の増進を図るための機関です。各都道府県、政令指定都市に設置され、「こころの健康センター」などと呼ばれることもあります。業務内容は、精神保健福祉に関しての地域の関係機関への提案、技術指導、啓発、調査研究など幅広く、そのなかに相談指導も位置づけられています。

職員として医師、精神保健福祉士、臨床心理士、公認心理師、保健師、看護師、作業療法士などの専門家が配置され、電話、来所、訪問による相談を無料で行います。

うつ病、ひきこもりなどへの助言も

精神保健福祉センターの大きな特徴は、複雑また困難な相談への対応です。発達障害、うつ病や依存症などの二次障害、ひきこもりなど難しい問題について、知識や技能、経験のある専門家から助言、指導が得られます。

家族や関係者からの相談にも対応しています。本人の言動や様子が気になるとき、自傷・他害行為がある場合など、接し方や医療機関の受診、精神科への入院についてなど相談できます。近隣の精神科の情報提供もしています。

センターによっては、ひきこもりの家族会、依存症自助グループなど、さまざまな事業を行っています。インターネットなどで地域のセンターの電話番号を調べ、まずは電話してみるといいでしょう。

精神保健福祉センターとは

一般住民と直接関わる業務

<普及啓発>

一般住民向けに精神保健福祉、精神障害についての正しい知識などを普及啓発。保健所や市区町村の普及啓発活動にも協力、指導、援助。

<組織育成>

家族会、患者会、社会復帰事業団体など、都道府県単位の組織の育成に努め、市区町村、地区単位での組織の活動にも協力。

<健康保健福祉相談>

心の健康相談、精神医療に関する相談、社会復帰相談をはじめ、アルコール、薬物、思春期、認知症などの特定相談を含め、精神保健福祉全般の相談に対応。相談はすべて無料。

<その他>

診療、デイケア、障害福祉サービスなどのリハビリテーションを行っているところもある。

専門家アドバイス

悩んでいるときは電話を

発達障害による悩みではなく、うつ病などの二次障害によって苦しんでいる方は少なくありません。気分が落ち込み、決断することが難しくなった状態では、診察を受けるために病院まで出かけて行くことも困難になりがちです。

「家から出られない。どうしたらいいかわからない」「薬がほしいのではなく、話を聞いてほしい」といった声もよく耳にします。そのような場合は、精神保健福祉センターに電話して、専門家に相談することから始めてみてはいかがでしょう。

Case 9

Iさん（22歳・男性）
知的障害なし
自閉スペクトラム症
注意欠如・多動症

Iさんは大学3年生のときに、とても悩んで、子どものときからつながっていた専門機関の相談支援員に相談しました。それは「4年生になったら卒論を書きながら就活をするなんて、そんな器用なことはとてもできない」という悩みでした。「卒論を書いていたら就活する時間はない。かといって就活をしなければ就職できない」と堂々巡りしていたのです。

ひとまず卒業してから就職の準備をする

相談支援員のアドバイスは、理にかなったものでした。

「社会に出て働くためには、まずは大学を卒業することを考えましょう。そのためには卒論を書く必要があります。そうして卒業してから1年間をかけて、就職の準備をしてはどうですか」

この解決策を聞いて、Iさんは肩の力が抜けました。卒論と就活の両方を同時に進めなければならないという思い込みから解放されたからです。ひとつずつ、1年ずつかけていいなら、自分にもできると思い、ようやく未来に希望をもつことができました。

できるなら同級生たちと同じように、新卒で就職したいとは思いましたが、それはできないとわかっていたので、気持ちを切り替えることができたようです。

就職のための準備としては、就労移行支援や国立職業リハビリテーションセンターなどのハロートレーニング（職業訓練）があります。就労移行支援の期限は2年間あり、求人との相性やタイミングで半年くらいで就職に至るケースもあります。Iさんは技能を身につけることに興味をもち、職業訓練を受けることにしました。

発達障害のある学生の就活支援については、大学側もより丁寧に支援する必要があるとわかっています。自身の特性ゆえに卒業と就活で悩んだときは、相談してみるのがいいでしょう。

Case 10

Jさん（30歳・女性）
知的障害なし
注意欠如・多動症

Jさんはずっと事務の仕事をしてきました。データ入力や書類の作成、電話や来客への対応など、ひとつひとつの作業はとくに苦労もなくこなすことができます。

ところが、それらを併行して行うマルチタスクがどうしてもうまくできません。パソコンに向かって集中していると、「電話に出て」「お客さんだよ」などといつも上司に怒られていました。

自己理解により努力不足ではなくミスマッチとわかった

Jさんは職場で怒られるたびに不甲斐ないと落ち込み、いくつもの作業がうまくできるようにひたすら努力を続けてきました。苦手なことは克服しなければいけないと思い込んでいたそうです。

そんな日々のなかで、近年「大人の発達障害」という言葉を見かけるようになり、チェックしてみると自分がよくあてはまることがわかりました。専門機関に相談する勇気を出した結果、判明したのは自身の脳の特性によりマルチタスクが向かないということでした。職業がミスマッチだったのです。

「自分の努力が足りないのではなく、見当違いの努力をしていたと気づいた」と話すJさんですが、その事実を受け入れるのはなかなか難しいことも事実でした。

仕事がうまくいかないなら、その理由を見つめ直し、自己理解を進める必要があります。苦手なことを無理にでもやろうと頑張るより、脳の特性に合う仕事を探すのが正解でしょう。

そうしないと、失敗や叱責でいづらくなって会社を辞め、転職を繰り返すことになりかねません。わかりやすい例を挙げるなら、多動の人にはじっと座っている仕事は向かないということです。実際に、販売店で多動の人が元気に走り寄って接客し、高い評価を得ているケースもあります。

Case 11

Kさんのケースは、勤め先の上司が困り果てて専門機関に相談に訪れました。Kさんは有能ですが、職場に新人が入るといびり、それが若い女性ならなおのことききつく当たりました。一方、男性職員に「セクハラされた」と被害を訴え、騒ぐことが度々ありました。

上司は「おそらく発達障害だろう」と思いつつ、どう対応したらいいのか考えあぐねていました。

Kさん（40代・女性）
知的障害なし
自閉スペクトラム症
注意欠如・多動症

環境調整により本人の力を発揮しやすくする

Kさんの話を聞いた相談支援員は、新人いじめの背景に強いストレスがあると考えました。新人が自分の立場を危うくするかもしれないと恐れ、攻撃してしまったということです。

虚偽のセクハラ被害を訴えるのも、新人女性に男性職員の関心が向いて不満が募り、イライラが爆発したと解釈できます。

このようなケースへの対応はいくつもありますが、まず考えてみたいのが環境調整により問題が起きないように工夫することです。

Kさんのオフィスは大部屋で、Kさんは自分の席から同僚たちの出入り、言葉のやりとり、電話応対など、すべて見渡すことができました。刺激が多く、気を取られやすい環境です。

また、Kさんは経理業務が得意でしたが、経理専門というのではなく、そのほかのさまざまな仕事もしていました。

そこでまず、机を壁向きに配置し、ほかの職員がKさんの目に入らないようにしました。

そして、仕事の内容をできるだけ経理業務中心に切り替えました。ほかの仕事との兼ね合いは会社の判断しだいですが、「この業務はあなたにしかできない」と得意な仕事を任せれば、自尊心が満たされ、自信がつくでしょう。

結果的に、Kさんは落ち着きました。処理しきれない刺激にイライラすることもなく、得意な仕事に集中できるようになったのです。

Case 12

Lさん（30代・男性）
知的障害なし
自閉スペクトラム症

Lさんはデイサービスで介護士の仕事を続けて6年になります。デイサービスには食事や入浴などの身体介助、レクリエーション、健康状態の確認などさまざまな仕事があり、いろいろなことを併行してこなし、目配りをするのが苦手でした。

しんどさが積み重なり、もうそろそろ限界か、辞める時期が来たかと悩んでいました。

得意な仕事に専念したいと交渉して成功

Lさんはいろいろと考えた末、勤め先に「自分を入浴介助専門にしてほしい」と願い出ました。ほかにそのような働き方をしている同僚がいたわけではありません。全体をうまく目配りすることはできないが、得意な入浴介助だけに専念できれば働き続けられるという結論だったのです。

それができなければ辞めるしかないと思い詰めていましたから、「それなら、ダメ元で交渉してみよう」と考えたそうです。

勤め先のデイサービスは、Lさんの要望を受け入れました。Lさんには長くまじめに働いてきた実績がありましたし、「あれもやって、これもやって」と指示してもうまくできないこともよくわかっていたからです。

加えて、Lさんが希望したのが入浴介助という肉体的にきつい仕事だったことも、プラスに働きました。若くて体力のある男性ゆえに得意分野にすることができ、現場の同僚たちからも「助かる」と喜ばれたそうです。

Lさんがこうして退職せずに得意とする仕事を続けられたのは、自分に対する理解が進んでいたからです。「どうも仕事がうまくいかない」と漠然と悩むところにとどまらず、脳の特性を知り、できないこと、できることを整理して対応を考えることができました。

人と関わり、表現する機会が得られる音楽療法

音楽には人を感動させたり、癒したりする力があります。音楽療法はどこの療育機関でも行っているものではありませんが、近年、注目され、人気が高まっています。

音楽療法の目的は、音楽を通して、コミュニケーション力の発達と情緒安定を促すことです。言葉を使った働きかけが難しい自閉スペクトラム症の子どもも、音楽を通じて人と関わり、コミュニケーションをとり、自己表現をする経験ができることが大きなメリットとされています。

ひとつには、太鼓やマラカス、キーボードなどの楽器を演奏したり、歌を歌ったり、踊ったりする能動的な療法があります。グループで一緒に演奏したり、相手の出した音に応えて音を出したりするなかで、コミュニケーションの楽しさを知り、人と関わりをもつ動機づけにつながります。

自閉スペクトラム症だけでなく、音楽に合わせて体を動かすことは注意欠如・多動症にも有効だといわれています。

もうひとつ、音楽を聴く受動的な療法もあります。発達障害の特性として、ストレスに弱く、緊張や興奮により直面する状況に対処できなくなる場合などに、音楽を聴くことで気持ちが落ち着くように導きます。リラックスするために音楽を聴く習慣のある大人にとっては、十分に納得し、理解できる療法でしょう。

音楽療法を行う専門家は音楽療法士といいます。日本音楽療法学会など民間団体の認定する資格です。

5章

親なき後への準備

～ひとり暮らしのサポート～

どこに住み、どのように生活を支え、生計を立てていくのか

住居、生活、経済の3つが柱

親なき後、発達障害のある子がどうやって生活をしていくのかは、早めに考えておきたい重要な課題です。とくに知的障害をともない、親と同居している人の場合、ひとり暮らしが困難であれば、住む場所から決める必要があります。大人になってから発達障害の診断を受け、ひとり暮らしをしている人であっても、先々を見据え、さまざまな検討を始めておいたほうがいいでしょう。困ったときに頼れる近親者がいるかどうかは大きな違いです。

親なき後の暮らしで検討すべき大きな柱は、住居、生活面の支援、経済的支援の3つです。言い換えると、どこに誰と暮らし、その生活をどのようなサービスによって支え、いかにして生計を立てていくのかということです。この章では、それぞれをひとつひとつ見ていきます。

家族で具体的に話し合うこと

現在まで親と同居し、親がすべてを仕切っている場合、本人に兄弟姉妹がいるから安心かというとそうとは限りません。「面倒を見る」と言う人がいても、たまに手続きを手伝うくらいに考えている可能性もあります。同居して生活全般について支援する必要があるなら、あらかじめ話し合っておく必要があるでしょう。

本人がある程度、自立できている場合も、兄弟姉妹との話し合いは重要です。住居、生活面の支援、金銭面の管理など、親がどのようにサポートしているのか、将来的に何が求められるのかなど具体的に伝えておきましょう。

兄弟姉妹がいない場合、甥、姪などの近親者が後を引き受けるケースもあります。そのほか、弁護士、司法書士、社会福祉士といった専門家に依頼する方法もあります。

親なき後の暮らしチェックポイント

❶ 親に代わり支援を行う中心人物は誰？

- 兄弟姉妹のなかの誰か決まっているか？
- 甥姪その他の近親者に頼めるか？
- 専門家に依頼するのか？

❷ どこに住む？

- 実家でひとり暮らしをするのか？
- 兄弟姉妹などと同居するのか？
- 兄弟姉妹など支援者の近所でひとり暮らしをするのか？
- 入所施設やグループホームなどで暮らすのか？

❸ 生活面の支援は？

- すでに受けている障害福祉サービスを継続するのか？
- これから必要になるサービスを検討するのか？
- どんなサービスが利用できるか調べるところから始めるのか？

❹ 収入をどうやって確保？

- 現在、働いて収入を得ているか？
- 就労支援などで働けるようになる見込みがあるか？
- どの程度の収入が見込めるか？
- 障害年金などを受給しているか？
- 生活費が不足するなら、どう補うか？

❺ 金銭・財産をどう管理するか？

- 給与、年金など本人が管理できるか？
- 本人ではなく支援者が金銭管理を行うのか？
- 親の遺産をどう管理するのか？
- 成年後見制度を利用するか？
- 信託制度を利用するか？

❻ その他（必要な場合）

- 緊急時の対応、医療の同意は誰がするのか？

2

住まいの選択と暮らし方に応じたサービスの利用

賃貸物件探しの支援もある

親なき後に、ひとり暮らしができる人、また親族と同居する人は、転居の可能性もあるでしょう。一般の賃貸住宅を探す際は、障害の特性や就労の状況、所得額などが妨げになることがあります。

そうした場合に利用できるサービスとして、市区町村の居住サポート事業（住宅入居等支援事業）があります。また、障害者手帳をもっている場合、県営など公営住宅について、抽選倍率優遇など優先入居制度がある自治体が多くあります。UR賃貸住宅も倍率優遇があります。

こうした一般住宅で暮らし、必要に応じて支援を受けて生活していくことが考えられます。食事、入浴、掃除、洗濯などの居宅介護（P157参照）をはじめとする障害福祉サービスのほか、「自立訓練（P176参照）」「日常生活自立支援（P182参照）」といった支援もあります。

グループホームは軽度の人も利用

ひとり暮らしが難しい場合、入所施設、グループホームの選択肢があります。いずれも夜間における日常生活の支援という位置づけで、日中に受けるサービスは別立てで考える必要があります。

入所施設は「障害支援区分」が4以上（50歳以上は3以上）が対象なので、障害の程度が中度から重度の人向けです。日中は同じ敷地内などで行われる生活介護、自立支援などのサービスを受けられます。

一方のグループホームは障害支援区分の条件がなく、軽度から中度の人が多く利用しています。ひとり暮らしから移行する人もいます。日中は職場に通ったり、ほかの施設で就労支援や生活介護を受けたりできます。

住まいのタイプと支援

一般住宅

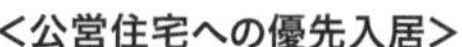

【対象】ひとり暮らし、または親族との同居が可能な人。

【賃貸住宅への入居支援】

＜市区町村の居住サポート事業＞

物件探し、入居契約の支援、保証人が必要な場合の調整など。関係機関の連携体制をつくり、入居後の暮らしもサポート。詳細は市区町村によりさまざま。

＜公営住宅への優先入居＞

入居申し込みの際の倍率優遇、戸数枠設定など。対象はおもに障害者手帳取得者。UR賃貸住宅も倍率を優遇。

【暮らしの支援】

必要に応じて、食事、入浴、掃除、洗濯などの「居宅介護」など障害福祉サービスを利用。「自立訓練」「日常生活自立支援」などもある。

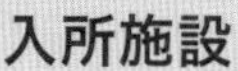

入所施設

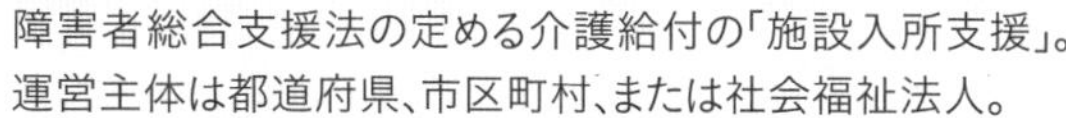

【対象】障害支援区分が4以上(50歳以上は3以上)。

【支援の内容】

障害者総合支援法の定める介護給付の「施設入所支援」。運営主体は都道府県、市区町村、または社会福祉法人。

【暮らしの支援】

夜間を中心に、入浴、食事、排せつなどの介護、支援、日常生活についての相談。日中は敷地内または別の場所で生活介護、自立支援などのサービスを受けられる。

グループホーム

【対象】障害者(障害支援区分の条件なし)。

【支援の内容】

障害者総合支援法の定める訓練等給付の「共同生活援助」。運営主体は、社会福祉法人、NPO法人、株式会社などさまざま。

【暮らしの支援】

主として夜間に入浴、食事、排せつなどの介護や支援が受けられる。それぞれの必要、希望により、日中は別の施設で生活介護、自立支援などのサービスを受けられる。

3

通所による介護が難しい場合などに利用される入所施設

入所施設のしくみ

条件

1 生活介護を受けていて障害支援区分4(50歳以上は3)以上。
2 自立訓練、就労移行支援または就労継続支援B型の利用者のうち、入所しての訓練が必要で効果的だと認められる人。
3 地域における障害福祉サービスの提供体制の状況その他やむをえない事情により通所による介護などが困難で、1または2に該当しない、もしくは就労継続支援A型を利用する人。

利用手続き

STEP 1　市区町村の障害福祉関連の窓口で申請
STEP 2　審査・判定
STEP 3　サービス受給者証の交付
STEP 4　施設の見学・面接
STEP 5　利用決定通知後、契約を結び入所

利用料金

収入がおおむね300万円未満なら無料。それ以上の場合も負担上限がある(P180参照)。

課題が山積の地域共生

近年、国際社会ではインクルーシブ社会の実現に向けた取り組みが進み、日本でも障害者が入所施設から出て地域社会で共生できるようにする政策がとられています。発達障害を含めた精神障害のある人にも対応した地域包括ケアシステムの構築を目指していますが、なかなか進んでいないのが現状です。

とくに、重度の知的障害のある障害者、高齢者は、現在も多くが入所施設で暮らしており、よりどころとなっています。地域と関わりをもてるように生活介護施設は併設せず、別の場所に通うケースが増えています。「地域生活支援型」として、数年間入所し、自立のための生活能力を向上させるタイプの入所施設も誕生していますが、ごく一部にとどまっています。

4

少人数で共同生活を行うグループホーム

グループホームの3タイプ

介護サービス包括型
主として夜間において、グループホーム内で食事や家事、日常生活の援助を行う。

日中サービス支援型
グループホーム内で入浴、排せつ、食事の介護、日常生活の援助を行う。ほかのタイプより重度で、常時介護を要する人を支援できるよう昼夜を通じ1名以上の職員を配置。

外部サービス利用型
主として夜間において、グループホームでの相談、日常生活の援助は職員が行い、入浴、排せつ、食事の介護その他は外部の居宅介護事業所が行う。

サポートを受けて地域で共生

障害者の地域共生に向けて増えているのが、グループホームです。原則10人以下の共同生活で、精神障害、知的障害など対象を限定するところもあります。個室のほか共用の食堂、台所、浴室などがあり、できることは自分で行い、支援が必要な家事や金銭管理などを世話人、生活支援員がサポートします。

上図のように「介護サービス包括型」「外部サービス利用型」「日中サービス支援型」の3タイプがあります。このほか、近くの住居に暮らし、食事などはグループホームで行い、職員が巡回する「サテライト型」もあります。

家賃、水道光熱費、食費などはグループホームにより異なり、地域差も大きくなっています。市区町村民税非課税の場合、月額1万円を上限とした補助があります。

ひとり暮らしの準備に利用できる「自立訓練（生活訓練）」

自立した生活から就労への流れ

障害者総合支援法による自立支援給付のうち、訓練等給付に含まれるサービスに「自立訓練」があります。訓練等給付には4章で紹介した「就労移行支援」「就労継続支援」などがあり、自立のための訓練を経て就労に関する支援を受け、就職する流れが想定されています。

訓練等給付は居宅介護などの介護給付と異なり、障害支援区分認定を受ける必要がありません。利用については本人の聞き取りなどを経て支給に至ります（左図参照）。

「自立訓練」には機能訓練と生活訓練があり、機能訓練は身体的なリハビリです。知的障害、精神障害のある人の親なき後の暮らしを見据えた際に、利用を考えたいのが生活訓練です。地域で暮らしていくために必要な生活能力を向上させる訓練が受けられます。

家事から電車に乗る練習まで

生活訓練は、もともとは入所施設や精神科病院を退所・退院した人が地域での生活に移行する際の利用を想定していました。実際のところは、より広く活用され、実家を出てひとり暮らしを始める準備、ひきこもりから社会復帰に向けての利用などが見られます。

いずれにせよ自立した日常生活を営むために困難がある人が、料理、洗濯、掃除などの家事のやり方、入浴、排せつなどの訓練を受けます。必要に応じて電車やバスなどの公共交通機関に乗る練習や、銀行のＡＴＭを利用する練習なども行われます。

障害者支援施設やサービス事業所に毎日通うほか、自宅を訪問しての訓練、一定の期間、泊まり込む宿泊型もあります。標準利用期間は2年間です。

自立訓練の利用の流れ

特定相談支援事業者に相談・申請

↓

市区町村による心身の状況に関する106項目のアセスメント、勘案事項調査、サービス利用意向の聞き取り

↓

「サービス等利用計画案」を提出※

↓

暫定支給決定後、「サービス等利用計画」を作成

↓

一定期間サービスを利用

↓

継続を希望する場合、市区町村の判断により支給が決定

※詳細は P28 参照

覚えておきたい ミニ知識

巡回訪問のある「自立生活援助」

障害者総合支援法の訓練等給付には「自立生活援助」もあります。施設や病院を出てひとり暮らしを始めた人、ひとり暮らしに支援が必要な人、同居家族が病気などで支援を得られない人など、知的障害、精神障害がある人が対象です。定期的な巡回訪問、必要に応じての訪問で困りごとを把握し、情報提供や助言、関係機関などとの連絡調整を行い、自立した暮らしをサポートします。

6

将来に向けて障害福祉サービス利用の相談ができる「相談支援事業者」

市区町村と都道府県による指定の違い

発達障害がある人のなかでも、知的障害をともなう場合は、子どものころから障害福祉サービスを利用し、成人後も支援体制が確立されていることが多いでしょう。親なき後の暮らしを考える際、難しいのは大人になるまで支援も受けてこなかった場合です。家族のサポートで生活が成り立っているのであれば、親が健在なうちに、障害福祉サービスの利用を検討しておきましょう。

「何から始めたらいいかわからない」「将来について助言がほしい」というときに、頼りになるのが相談支援事業者です。市区町村が指定する特定相談支援事業者と、都道府県が指定する一般相談支援事業者があります。両方を併設したところも多く、役所に窓口があったり、地域活動支援センターⅠ型に設置されていたりします。本人だけでなく、家族からの相談にも対応しています。

基本的なことからサービス利用まで

一般的な事柄の「基本相談」は、どちらの相談支援事業者でもできます。悩みや困りごとを解決する方法、利用できる障害福祉サービスなどについて情報提供、助言などを行っています。サービスの内容や実態は市区町村による違いがあり、地域の情報に通じているのは特定相談支援事業者です。障害福祉サービスの利用を申請する際も、特定相談支援事業者に「計画相談」を行い、「サービス等利用計画案」を作成してもらいます。利用を始めてからの定期的な見直しも行われます（詳細はＰ28参照）。

一方、障害のある人が地域社会でともに暮らしていけるように、施設などからの移行と定着を支援する「地域相談」は、一般相談支援事業者が行います。

相談支援事業のしくみ

＊障害者総合支援法による個別給付の相談支援

一般相談支援事業者
<都道府県による指定>

基本相談支援
障害福祉全般について本人、家族、関係者からの相談に対応。

地域相談支援
入所施設や精神科病院を出て地域での生活を目指す障害者の支援。

地域移行支援
退所、退院による地域社会での生活への移行を支援。

地域定着支援
退所、退院、ひとり暮らしを始めた人などが地域で生活を続けていくための支援。

特定相談支援事業者
<市区町村による指定>

基本相談支援
障害福祉全般について本人、家族、関係者からの相談に対応。

利用計画支援
適切なサービス利用に向けて相談に対応。

サービス利用支援
サービス申請にあたり「サービス等利用計画案」を作成、関係機関と連絡調整。

継続サービス利用支援
サービス利用開始後に、サービス等利用計画の見直し(モニタリング)を行う。

資料：厚生労働省 HP「障害者の相談支援等について」

7 障害福祉サービスの利用者負担には所得に応じた上限がある

1割負担の上限額の設定

発達障害のある人が親を見送った後、障害福祉サービスを利用しながら自立して暮らしていくことを考えたとき、現実問題として気になるのがサービスにかかる費用でしょう。「親が遺す資産では足りなくなるのでは」と不安に思う人が多いかもしれませんが、自己負担には上限があります。

サービスを利用する際、利用者は原則として費用の1割を負担します。ただし、一律ですべて1割を負担するとなれば、障害の程度が重く、さまざまな支援を必要とする人ほど金額がかさんでしまいます。

そこで、どれくらいサービスを利用するかにかかわらず、利用者の所得に応じて月々の上限額が定められています（左上図参照）。上限額より低い場合はその額を負担

障害福祉サービスの費用のしくみ

所得を判断する世帯の範囲

種別	世帯の範囲
18歳以上の障害者 （施設に入所する18歳、19歳を除く）	障害のある本人とその配偶者。
障害児 （施設に入所する18歳、19歳を含む）	保護者の属する住民基本台帳での世帯。

月ごとの自己負担の上限額

区分	世帯の収入状況	費用上限月額
生活保護	生活保護受給世帯	0円
低所得	市区町村民税非課税世帯 ※1	0円
一般1	市区町村民税課税世帯（所得割16万円未満） ※2	9,300円
一般2	上記以外	37,200円

※1　3人世帯で障害者基礎年金1級を受給している場合、収入がおおむね300万円以下の世帯が対象になります。

※2　収入がおおむね600万円以下の世帯が対象になります。ただし、20歳以上の入所施設利用者、グループホーム利用者は、市区町村民税課税世帯の場合、「一般2」となります。

資料：厚生労働省 HP「障害福祉サービス等　障害者の利用者負担」

し、超える場合は上限額を払います。

世帯の範囲は本人と配偶者

本人が子どものころから障害福祉サービスを利用していた場合は、世帯所得に応じた負担の上限額は把握していることでしょう。大人になっても同じだと思っているかもしれませんが、大きな違いがあります。

18歳以上の障害者の場合、所得を判断する世帯の範囲は本人と配偶者までとなります。入所施設の利用者は20歳以上でそのようになります。たとえば親兄弟と同居している独身の障害者であれば、親の所得に関係なく、本人の所得のみが判断基準になります。

ちなみに、障害福祉サービスの料金は、種類ごとに報酬基準が定められ、サービスを提供する事業所が市区町村から受け取ります。料金は単位であらわし、単位あたりの単価は市区町村ごとに設定されています。

ですから、その人が利用したサービスの単位に利用回数と単価を掛けると、1か月の総額が出ます。そのなかの1割が自己負担で、上限があるということです。

8

社会福祉協議会による「日常生活自立支援事業」

契約や手続きなどをサポート

地域社会で自立して暮らしていく支援としては、社会福祉協議会（以下、略称の社協）による「日常生活自立支援事業」もあります。社協とは市区町村、都道府県や政令指定都市に設置され、地域福祉を推進する団体です。その地域の住民や福祉・保健関係者、行政機関、ボランティアなどで構成されています。

日常生活自立支援事業は、知的障害、精神障害、また認知症などにより、契約といった日常のさまざまな判断が自力では難しい人を対象としています。障害者手帳の有無にかかわらず利用できます。

たとえば、家事を手伝ってもらいたくともどうすればいいかわからない人、金銭の管理に不安がある人、手続きで困っている人などをサポートします。

生活支援員が定期的に訪問

おもなサービスは、4つあります。福祉サービスの利用援助、お金の出し入れの支援、日常生活に必要な事務手続きの手伝い、通帳や証書などの保管です。

はじめに専門的知識のある専門員が相談に応じ、どのようにサポートするか支援計画を作って利用契約を結びます。サービスが始まると、契約どおりに生活支援員が定期的に訪問し、支援します。利用者はこうした契約の内容がある程度理解できることを前提としています。

不安や悩み、困りごとなどの相談は無料で、家族からの問い合わせにも応じています。契約を結んで実際にサービスを利用すると料金がかかります。地域や収入により多少異なりますが、目安として訪問1回につき1200円程度です。生活保護を受けている世帯は無料です。

日常生活自立支援事業のおもなサービス

福祉サービスの利用援助

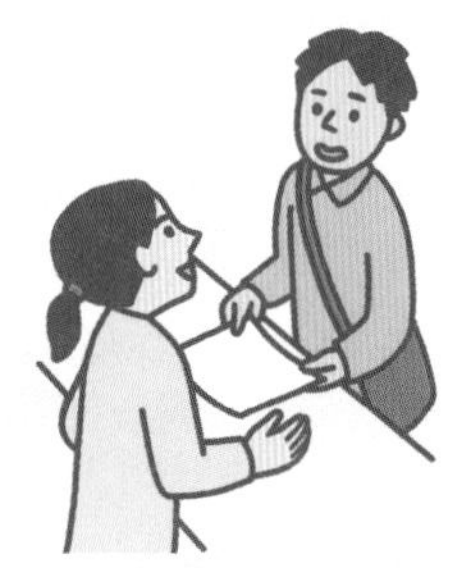

- さまざまな福祉サービスについての情報提供、相談。
- 福祉サービスの利用申し込み、契約代行、代理。
- 入所、入院している施設、病院のサービスや利用に関する相談。
- 福祉サービスに関する苦情解決制度の利用手続きの支援。

※この「福祉サービス」とは、障害者自立支援法による障害福祉サービスと介護保険制度などの高齢者福祉サービスをさします。

お金の出し入れの支援

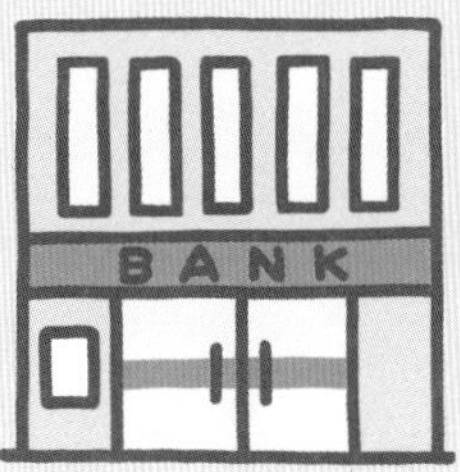

- 福祉サービスの利用料金の支払い代行。
- 病院への医療費の支払いの手続き。
- 年金や福祉手当の受領に必要な手続き。
- 税金や社会保険料、公共料金の支払い手続き。
- 日用品購入の代金支払いの手続き。
- 預金の出し入れ、また預金の解約の手続き。

日常生活に必要な事務手続きの手伝い

- 住宅改造や居住家屋の賃借に関する情報提供、相談。
- 住民票の届出などに関する手続き。
- 商品購入に関するクーリング・オフ制度などの利用手続き。

通帳や証書などの保管

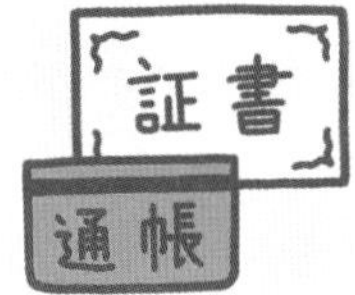

- 本人が保管を希望する通帳や印鑑、証書などの書類の安全な場所での預かり。

※宝石や書画、骨とう品、貴金属類などは不可

資料：社会福祉法人 全国社会福祉協議会 HP「ここが知りたい　日常生活自立支援事業　なるほど質問箱」

9 国民健康保険料、介護保険料の負担、税額控除について

●障害者の社会保険料軽減と税額控除●

国民年金保険料の法定免除

【対　象】障害基礎年金または障害厚生年金の1級または2級の受給者(3級は対象外)。
※生活保護受給者も法定免除の対象

【免除期間】受給権を得た日のある月の前の月の保険料から免除。

【手続き】「国民年金保険料免除事由該当届」を市区町村役場の国民年金担当窓口に提出。
※障害年金受給権を失ったときは「国民年金保険料免除事由消滅届」を提出

【注意点】
・法定免除となる期間の保険料をすでに納めている場合、返還される。
・法定免除期間について、将来受け取る老齢基礎年金の額が2分の1となる。
・減額を避けたい場合は「追納」を行う。

低所得者向けの軽減制度がある

発達障害がある人がひとりでお金のやりくりをする生活となり、会社勤めをしていない状況では、自身で社会保険料や税金をおさめる必要が出てきます。これまで同居する親がすべて面倒を見てきた場合、どういうことになるのか、頭に入れておいたほうがいいでしょう。

就労していない場合、また自営業の場合は、国民健康保険と介護保険の保険料をおさめます。国民健康保険料は前年の世帯収入が少ない場合、定められた基準以下であると2割、5割、7割と減額される制度があります。これは所得を申告していれば自動的に適用されます。

ほかにも、親が75歳で後期高齢者医療制度に移行し、本人のみ国民健康保険となったとき、倒産や解雇などで失業したときの軽減制度などもあります。介護保険料に

所得税・住民税の障害者控除

※本人が障害者である場合（2023年4月現在）

	一般障害者	特別障害者
所得税	27万円	40万円
住民税	26万円	30万円

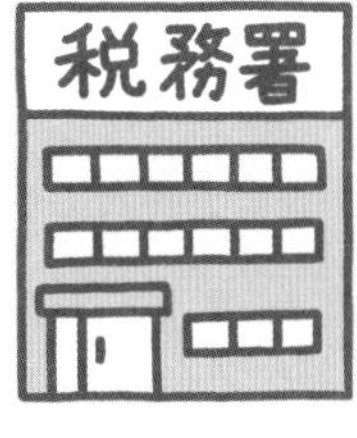

税額控除の対象となるおもなケース

<一般障害者>

- 精神保健指定医などに知的障害があると判定された人。
- 精神障害者保健福祉手帳の障害の等級が2級または3級の人。

<特別障害者>

- 重度の知的障害があると判定された人。
- 精神障害者保健福祉手帳の障害等級が1級の人。
- 常に病床につき、複雑な介護の必要がある人。

ついても、市区町村によっては低所得者に対して減免を行っている場合があります。

また、障害年金1級、2級を受給している場合は、国民年金の保険料が免除になります。その際は、「国民年金保険料免除事由該当届」を提出する必要があります。

所得税、相続税などの障害者控除

障害者手帳を取得している場合、税金の障害者控除が受けられます。確定申告をする場合は、提出する書類に必要情報を記載することで控除が受けられ、障害の程度により控除額は異なります。控除により課税所得が下がるので、所得税、住民税の額が減ることになります。

自動車税についても、障害者の個人名義の自家用車では減免措置を受けられます。

親が亡くなったときの相続税に関しても、障害者控除があります。障害者本人が85歳に達するまでの年数に、障害の程度により1年につき10万円または20万円を掛けた額が控除されるしくみです。控除額のほうが相続税の額より大きいときは、親兄弟など障害者の扶養義務がある相続人の相続税額から差し引くことができます。

相続税の障害者控除

●相続人が障害者である場合、85歳に達するまでの年数に、一般障害者では10万円、特別障害者では20万円を掛けた額を控除する。

※1年未満の端数の期間は切り上げて1年とする。

<計算方法>

一般障害者

(85歳ー相続時の年齢)×10万円

特別障害者

(85歳ー相続時の年齢)×20万円

例)相続を受けるときに45歳3か月だった一般障害者の場合

(85歳ー45歳3か月)×10万円＝40年×10万円＝400万円

障害者控除額

障害がある人の相続税額が500万円なら
500万円ー400万円＝100万円
相続税額から控除額を引くと納税額が出る。

覚えておきたい ミニ知識

会社員も確定申告で障害者控除が受けられる

発達障害のある本人が会社員である場合、社会保険料は給与から天引されますから、自ら手続きする機会は少ないでしょう。所得税、住民税の控除についても、年末調整の際、扶養控除等申告書の「障害者控除」の欄に必要事項を書き込んで提出すれば、控除を受けることができます。

ただし、障害について会社に開示したくない場合は、会社員であっても税務署に確定申告を行うことで障害者控除を受けることができます。

10

生命保険、医療保険、傷害保険、個人賠償責任保険の加入について

対象を限定した保険もある

先々を考えて各種の民間保険も検討したいところでしょう。発達障害の特性により入院時には個室が必要なことも多く、その場合、差額ベッド代がかかります。医療保険や生命保険の特約でカバーできると安心でしょう。

精神科の受診や障害者手帳の取得により一般の保険への加入は難しいものの、知的障害、発達障害がある人を対象とした保険もあります（上図参照）。また、保険料が割高ですが、引受（ひきうけ）基準緩和型の保険などもあります。

ほかに、ケガをしたときのための傷害保険、人をケガさせたり、モノを壊したりしたときの損害賠償に備える個人賠償責任保険なども入っておくと安心でしょう。個人賠償責任保険は傷害保険、火災保険、自動車保険の特約として契約することもできます。

● 知的障害、発達障害がある人の医療保険 ●

名称	生活サポート総合補償制度	ASJ総合保障	ぜんちのあんしん保険
対象	知的障害、自閉スペクトラム症がある人。	自閉スペクトラム症のある人が対象。	知的障害、発達障害、ダウン症、てんかんのある人。
問い合わせ	一般社団法人 全国知的障害児者生活サポート協会	一般社団法人 日本自閉症協会 ASJ保険事務局	ぜんち共済株式会社

障害のある子の生活の安定のため定期的に金銭を渡す「特定贈与信託」

贈与税が非課税になるメリット

「特定贈与信託」の最大の特徴は、障害のある人が親なき後も変わらず安定した暮らしができるように考えられていることです。親が存命のうちに財産を信託銀行などに預けておくと、信託銀行などはその財産を管理・運用し、契約したとおりに障害のある子に定期的に生活費や医療費として金銭を支払います。親が他界した後も、信託銀行などがその財産の管理・運用を引き続き行い、障害のある子への支払いも続くというしくみです。

この信託で財産を受け取る受益者は、特定障害者に限られます。これはすなわち税の特例措置の対象となる特別障害者と一般障害者です（P185参照）。特別障害者は6000万円、一般障害者は3000万円を上限として贈与税が非課税になります。通常は年間で110万円を超える贈与に贈与税がかかりますから、節税のメリットがあります。契約の際、障害のある当人が非課税措置を受けるための書類を渡し、信託銀行経由で税務署に提出します。

障害のある子が亡くなるまで続く

この特定贈与信託を利用すれば、発達障害のある子は親が亡くなる前も後も変わりなく、生活資金を受け取ることができます。終了するのは受け取る当人が亡くなった日で、それ以外の期限などを定めることはできません。財産が残った場合はその相続人が相続しますが、あらかじめ福祉関連の団体などを指定しておき、寄付する方法をとるケースも見られます。

また、信託銀行などへの報酬、振込手数料などは預けた財産から支払われます。費用はそれぞれ異なるため、詳細を確かめてから利用するようにしましょう。

特定贈与信託とは

親

委託者

みなし贈与
贈与税非課税限度
特別障害者6000万円
一般障害者3000万円

発達障害のある子

受益者

①
財産を預け、
信託契約を
結ぶ。

②
贈与税がかか
らないように、
「障害者非課
税信託申告
書」を提出。

信託銀行など

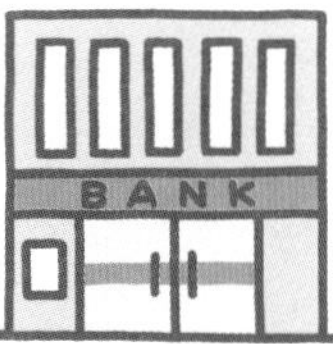

受託者

③
契約どおりに信託
財産から定期的
に金銭を支払う。

＊他界後、任
意で残った財
産を寄付。

税務署

④
「障害者非課税
信託申告書」を
提出し、税務申
告手続き。

ボランティア・
障害者団体、
社会福祉施設など

<特徴>

- 親の存命中もなき後も変わらず、定期的に生活費、医療費などを障害のある子に渡すことができる。
- 特別障害者は6000万円、一般障害者は3000万円を上限として贈与税が非課税となる。
- 障害のある子が亡くなるまで信託期間が続く。
- 信託銀行などの受け取る報酬、振込手数料などは、各行各社によりそれぞれ異なる。

参考：一般社団法人 信託協会 HP「特定贈与信託」

12

親の他界後、財産をスムーズに引き継げる「遺言代用信託」

他界後は契約どおり定期的に振込

発達障害のある本人に対して、親が月々の生活費を渡している場合、亡くなった後にどうするかは大きな課題となります。「遺言代用信託(ゆいごんだいようしんたく)」は、読んで字のごとく遺言代わりに利用できる信託です。

親が健在のうちに自身の財産を信託銀行などに預けておくと、亡くなった後は取り決めどおりに障害のある子など家族や親族に財産を渡すことができるしくみです。たとえば「毎月、いくら」と決めておけば、定期的に一定の金額を当人の口座に振り込んでくれます。開始時期や受取方法なども指定できます。

とくに、亡くなった直後は、相続の手続きがすむまで預貯金の引き出しが制限されてしまいます。遺言代用信託を利用すると、その間にも困ることなく、スムーズに財産の引き継ぎができるのがメリットです。

元本保証、手数料を確認

現在、多くの信託銀行、一部の地方銀行などが、さまざまな名前をつけた遺言代用信託を取り扱っています。元本保証タイプも多く、その場合、1000万円までの元本および利息が保証されます。運用・管理手数料についても、無料または非常に低く抑えられているのが特徴です。どの金融機関を選ぶかによって、さまざまな違いがありますから、あらかじめ入念に確認してから決めることが大切です。

まだ比較的新しい信託商品であり、財産を託すにはシンプルで利用しやすいといえるでしょう。ただし、前項で紹介した「特定贈与信託」のように、節税の効果はありません。通常通りの相続税がかかります。

遺言代用信託とは

親

委託者・第一受益者

②受取人を指定する。

発達障害のある子

第二受益者

①金銭を預け、
信託契約を結ぶ。

③
親の他界後、
契約どおりに
信託財産から金銭を支払う。

信託銀行など

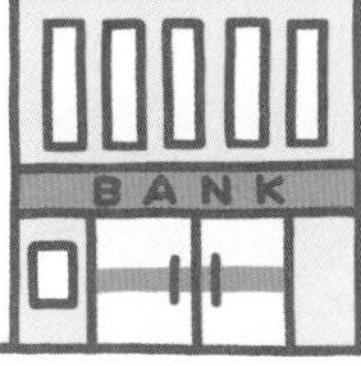

BANK
親が存命中は信託
財産を親のために
管理・運用。
受託者

<特徴>

- 遺言の代わりにシンプルに財産を引き継げる。
- 亡くなった直後から発達障害のある子が必要とする金銭をスムーズに渡せる。
- 毎月の金額を決めて年金のように指定口座に振り込むことができる。
- 管理手数料の有無や金額、元本保証の有無などは、金融機関と商品により異なる。
- 相続税の優遇などはない。

参考：一般社団法人 信託協会 HP「遺言代用信託」

13 親の生命保険の死亡保険金を信託財産とする「生命保険信託」

保険金から定期的な支払いができる

親が現在、所有している財産を信託銀行などに預けるのではなく、生命保険に加入し、亡くなったときに死亡保険金を託すかたちをとるのが、「生命保険信託」です。

言い方をかえると、信託銀行などが親の加入した生命保険の受取人になるということです。信託銀行などはそうして受け取ったお金を、あらかじめ取り決めた方法で指定しておいた発達障害のある子に支払います。一度に大金を受け取ったのでは管理が難しいですから、毎月、一定の額を振り込むように決めておくこともできます。

受け取る子の判断力に不安がある場合は、「指図権者（さしずけんしゃ）」を決めておく方法をとることができます。この指図権者は成年後見人（せいねんこうけんにん）のような役割で、必要に応じて信託財産の一部を引き出したり、定期の支払い方法を変更するといった指図ができます。指図権者として社会福祉法人を指定できる場合もあります。

その子の財産となり、分割されない

生命保険信託の大きな特徴のひとつが、遺産分割協議の対象にならないことです。ほかの相続人との間で分け合う必要がなく、障害のある当人の財産として残すことができます。

親がすでに生命保険に入っている場合、その保険会社が信託銀行などと組んで生命保険信託の取り扱いをしていれば、それを活用できる可能性はあります。そうでなければ生命保険信託を決めて新規の加入が必要です。

信託銀行などにより事務・管理の費用や報酬などは異なり、生命保険に対して支払う費用もあります。入念に確認し、納得したうえで利用するようにしましょう。

生命保険信託とは

親／生命保険の契約者

① 生命保険に加入する。

② 死亡保険金請求権を信託する契約を結ぶ。

信託銀行など

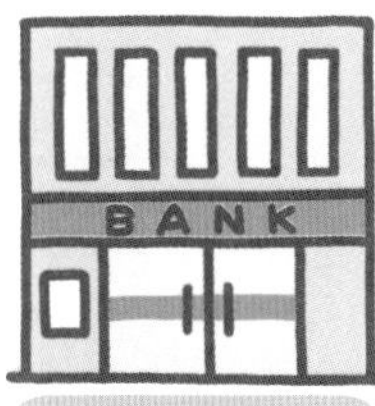

③親が他界したら死亡保険金を請求する。

④保険金を支払う。

⑤あらかじめ取り決めたとおりに金銭を支払う。

⑥指図権者を決めておいた場合、必要に応じて支払いについて指図する。

発達障害のある子

※障害のある子が亡くなった後、財産を受け取る次の受益者、その次の受益者を決めておくことも可能。

<特徴>

- 遺産分割協議の対象にならず、障害のある子の財産となる。
- 現在所有する財産を使わなくとも、死後に入る保険金でまとまった金額を託せる。
- 障害のある子に定期的に生活資金を渡すことができる。
- 当人の判断が不安な場合、指図権者を決めておける。
- 信託銀行などの事務・管理の費用、報酬、保険会社に対する費用などは、各行各社により異なる。

参考：一般社団法人 信託協会 HP「生命保険信託」

14

親なき後に一定額の年金を支給する「障害者扶養共済制度」

終身年金の公的制度

障害がある子の親なき後への備えとして、月々掛け金をおさめるのが「障害者扶養共済制度」です。親が他界するとその子への年金の支給が始まり、定額の年金が生涯にわたり支払われます。

この障害者扶養共済制度は、都道府県と政令指定都市が実施している公的な制度です。もちろん加入は任意です。事務経費などの負担がないため、民間の保険と比べて掛け金が割安に設定されています。掛け金は加入時の年齢により決まります（左上図参照）。

将来的に、障害のある子に月々支給される年金の金額は、1口加入で2万円、2口加入で4万円です。

加入できるのは、障害のある人を扶養する保護者であり、親だけに限りません。障害のある当人の配偶者や兄

障害者扶養共済制度とは

掛け金納入と年金支給のしくみ

※1 一定程度の障害のある人を扶養していて、65歳未満、健康状態が良好であることなど加入要件がある。

※2 知的障害がある人、自閉スペクトラム症など精神に永続的な障害がある人などで、将来、独立自活が困難と認められる人。

<注意ポイント>

- 加入者より先に障害者が死亡した場合、加入期間に応じて弔慰金(3万～25万円)が支給される。掛け金の返還はない。
- 5年以上加入した後、脱退した場合、加入期間に応じて脱退一時金(4.5万～25万円)が支給される。掛け金の返還はない。

月額掛け金

保護者の年齢	掛け金月額(1口)
35歳未満	9,300円
35歳以上40歳未満	11,400円
40歳以上45歳未満	14,300円
45歳以上50歳未満	17,300円
50歳以上55歳未満	18,800円
55歳以上60歳未満	20,700円
60歳以上65歳未満	23,300円

(注)
※金額は2023年4月現在。制度の見直しにより改定されることがある。
※自治体の減免制度により、実際の負担額が軽減される場合がある。

弟姉妹、その他の親族も入ることができます。ただし、加入時の年度のはじめに65歳未満で、健康状態が良好であるといった要件があります。

不安があれば「年金管理者」を指定

「年金」と聞くと、障害年金と混同してしまう人がいますが、まったくの別物です。

親が払う掛け金は、所得控除の対象になります。親が65歳になったとき、または加入期間が20年以上になったときは掛け金が免除されます。

また、障害のある子が年金を受け取るようになったときに、生活保護を受給していてもなんら支障はありません。障害者扶養共済制度で受け取る年金は、生活保護の収入認定から除外されるため、「生活保護が受給できなくなるのではないか」といった心配もいりません。

当人が請求手続きや受け取り、管理などをするのが難しいと思われる場合は、「年金管理者」として信頼できる親族などを指定しておくこともできます。

詳しい内容などの問い合わせは、住んでいる市区町村の障害福祉関連窓口で受け付けています。

15 経済的に困窮した場合の「生活保護」の制度

受給は国民の権利

発達障害のあるわが子の将来について考えるとき、あまり想像したくないかもしれませんが、生計を立てられず困窮（こんきゅう）した場合、「生活保護」を受給する方法があります。

日本国民は「健康で文化的な最低限度の生活」を憲法で保障されており、生活保護の受給は国民の権利です。資産や能力などすべてを活用することを前提として、それでも必要な生活費を得られない場合は、生活保護を申請し、審査に通ると受給できます。

就労による所得や障害年金などの収入があっても、それだけでは足りないケースは多くあります。その場合、「健康で文化的な最低限度の生活」を送るために必要な費用の額から収入を引き、不足する差額を支給するしくみとなっています。保護費の金額は、住んでいる地域や家族構成、障害の有無などで異なります。精神障害者保健福祉手帳1級、2級の取得、知的障害では療育手帳、障害年金の等級などにより障害者加算が決められます。

8種類の費用の必要なものを支給

生活保護の制度では生活費全般を支給されるイメージがあるかもしれませんが、生活扶助、住宅扶助など費用は8種類あります（左図参照）。つまり、食費などの生活扶助と家賃や医療費などは別々に分けられ、審査によって必要と判断されたものが支給されます。

原則として所有している資産は売却して生活資金とする必要があり、自動車も処分の対象になります。ただし、障害がある人の通院、通勤に必要な場合など、所有を続けられる可能性もあります。相談や申請は住んでいる地域の福祉事務所で行います。

生活保護制度のしくみ

受給対象となる要件

- 不動産、自動車、預貯金など、すぐに活用できる資産がない(不動産、自動車は例外で保有を認められる場合もあり)。
- 働くことができない、または働いても必要な生活費が得られない。
- 年金、手当などの社会保障を受けても生活費が足りない。
- 扶養義務のある親兄弟などから援助を受けられない。

支給される扶助の種類

費用の種類	扶助の種類	支給内容
日常生活に必要な費用(食費、被服費、光熱水費など)	**生活扶助**	食費、光熱水費などを合算
アパートなどの家賃	**住宅扶助**	定められた範囲内で実費支給
義務教育を受けるために必要な学用品費	**教育扶助**	基準額の支給
医療サービスの費用	**医療扶助**	本人負担なし
介護サービスの費用	**介護扶助**	本人負担なし
出産費用	**出産扶助**	定められた範囲内で実費支給
就労に必要な技能の修得などにかかる費用	**生業扶助**	定められた範囲内で実費支給
葬祭費用	**葬祭扶助**	定められた範囲内で実費支給

資料：厚生労働省 HP「生活保護制度の概要」「生活保護制度に関するＱ＆Ａ」

16 財産を兄弟姉妹などに託し、管理を任せる「家族信託」

信託銀行の商品とは別物

近年、広まりつつあるしくみに「家族信託」があります。発達障害のある子の将来の生活資金を考えたとき、これを利用すると、その子の兄弟姉妹などの家族に財産の管理を託すことができます。親が今後、認知症になって財産の管理ができなくなる可能性を考慮し、その備えとして活用するケースも少なくありません。

判断力に不安のある子に遺言で財産を遺した場合、無計画に使ってしまったり、詐取されたりするおそれもあります。そこで、信頼する家族に管理してもらえば安心できるということです。障害のある子がひとりっ子である場合、甥や姪などと信託契約を結ぶこともあります。

注意したいのが、家族信託は民事信託である点です。財産の管理や移転、処分を家族間で行う信託であって、信託銀行などが取り扱う信託商品とは別物です。「福祉型信託」とも呼ばれ、成年後見制度を補完する財産管理のしくみとして活用されています。

公正証書で信託契約書の作成を

家族信託のしくみを利用する場合、指名した家族と信託契約を結び、口座を新たに開設して管理をゆだねる資産を移します。その結果、財産権はその家族に移ります。親が亡くなった後は、契約で取り決めたとおり、障害のある子に定期的に金銭を渡すなどを行います。託した相手の使い込みなどを防ぐために、司法書士、弁護士などの信託監督人をつけることもできます。

契約書の作成は難解ですから、まずは家族信託に詳しい司法書士や弁護士に相談するといいでしょう。公正証書による信託契約書を作成してもらえば安心です。

家族信託のしくみ

親

委託者

信託財産

①信託契約を結ぶ。

②財産権が移る。

④信託財産の管理・処分を行う。

兄弟姉妹など

受託者

③専用の口座を開設する。

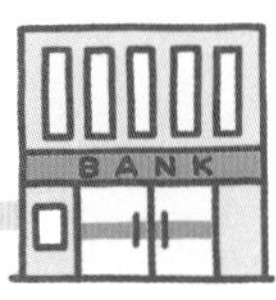

④金融サービスを提供する。

銀行

発達障害のある子

受益者

⑤契約どおりに金銭を支払う。

※障害のある子の他界後、財産が残っていた場合、相続する人、また福祉関連団体への寄付なども決めておける。

<特徴>

- 親が認知症になった場合への備えにもなる。
- 親が亡くなった後、契約した内容のとおりに障害のある子に定期的に生活費を渡せる。
- 信託契約書の作成は難解であるため、専門家に依頼したほうが確実。
- 信託契約書は公正証書にしておくと安心。

17

財産の管理などを支援する「成年後見制度」

成年後見制度とは

法定後見制度　●すでに本人の判断能力が不十分な場合、家庭裁判所が選任した成年後見人などが本人を法律的に支援。

	後見（成年後見人）	保佐（保佐人）	補助（補助人）
本人の判断能力	欠けているのが通常の状態	著しく不十分	不十分
成年後見人などの同意が必要また取り消しが可能な行為	日常生活に関する行為以外の行為	借金、訴訟行為、相続の承認･放棄、新築･改築･増築などの行為	申立ての範囲内で家庭裁判所が審判で定める
成年後見人などの代理権の範囲	財産に関するすべての法律行為	申立ての範囲内で家庭裁判所が審判で定める	申立ての範囲内で家庭裁判所が審判で定める

法定後見制度と任意後見制度

超高齢化が進むなか認知症対策として「成年後見制度（せいねんこうけん）」の認知度が高まりました。この制度で保護、支援を受けるのは、判断能力が不十分で法律行為の意思決定が難しい人であり、知的障害がある人、発達障害など精神障害がある人も対象になります。

現時点で判断能力が不十分である場合は、「法定後見制度」が利用できます。本人の判断能力に応じて、「後見」「保佐（ほさ）」「補助」の3種類があり、それぞれ援助者の権限が異なります（上図参照）。

「親が元気なうちは不要」と思いがちですが、親の加齢や病気に備えて検討しておくといいでしょう。将来、本人または親の判断能力が低下したときに利用できる「任意後見制度」もあります。後見人になる人、委任する内

任意後見制度

●判断能力が不十分になったときに備え、あらかじめ任意後見人、委任する内容を定めておく制度。

即効型
任意後見の契約後、すぐに家庭裁判所に申立て、任意後見監督人※を選任してもらう。それにより任意後見人による支援がスタート。

移行型
当初は見守り事務、財産管理などを通常の委任契約で行い、判断能力が低下後に任意後見に移行する。

将来型
将来、本人の判断能力が低下後に開始する任意後見契約のみを結ぶ。

※任意後見人が契約どおりに仕事をしているか監督する人

<注意ポイント>

- 任意後見人の権限は、契約で定めた代理権（本人に代わり契約などの法律行為を行う権限）の範囲に限られる。
- どんなことを支援してほしいのか、契約書で明確にする。
- 不当な契約、だまされて買い物した場合なども、本人の行為を取り消す権限はない（必要な場合は法定後見に移行）。

容を自由に決められるのが特徴で、「即効型」「移行型」「将来型」の3タイプがあります（上図参照）。後見人になる人との間で公正証書による任意後見契約を結びます。

成年後見人は家庭裁判所が決定

この制度の成年後見人などの仕事や権限は、種類により異なります。おもな仕事は、本人の預貯金や不動産の管理などの「財産管理」、病院の入退院手続き、介護・福祉サービスの利用契約といった「身上監護」です。

法定後見制度の成年後見人などは、家庭裁判所が決定します。家族や親族など候補を出しておくことができますが、多額の財産がある場合など弁護士や司法書士など専門家が選ばれることもあります。報酬は、成年後見人が通常の仕事をする場合で月額2万円が目安です。財産が増えると報酬も増えます。

法定後見制度を利用するには、住んでいる地域の家庭裁判所に申立てをします。本人の判断能力について鑑定を行うこともあります。一方、任意後見制度については、本人の判断能力が低下したときに、家庭裁判所に申立てを行います。

成年後見人の仕事

スタート時

財産目録の作成
本人の財産の状況を把握する。

収支予定表を作成
これまでの本人の支出、収入を中長期的な視点で考慮し、本人の希望を聞きながら年間収支の見込み、看護・医療などの計画をたてる。

→原則として選任後1か月以内に家庭裁判所に提出。

以降、日常において

【財産管理】
- 現金と預貯金の管理
- 障害年金などの受領
- 不動産の管理
- 公共料金、保険料などの支払い
- 確定申告、納税など税務処理

【身上監護】
- 病院への入院退院の手続き
- 医療費の支払い
- 介護・福祉サービスの利用契約
- 施設への入所、退所の契約

＜注意ポイント＞
- 日用品の買い物、食事の介助などのサポートはしない。
- 医療行為への同意は範囲外。
- 身元保証人、身元引受人、入院保証人などにはならない。
- 結婚、離婚、養子縁組なども範囲外。
- 期間は本人が亡くなるまで。葬儀などを依頼するなら死後事務委任契約を結んでおく。

家庭裁判所への報告

- 年1回程度、本人の生活、財産の管理状況などの報告書を提出。

法定成年後見制度の流れ

相談

相談窓口は、住んでいる市区町村の社会福祉協議会、地域包括支援センターなど。必要な書類、手続きの流れなどの説明を受け、成年後見人になってほしい人、依頼したい内容などを相談できる。

申立ての準備

家庭裁判所で

申立て

申立書などの必要書類を提出、申立手数料を支払う。

審問・調査・鑑定など

裁判所の職員による事情の聞き取り、本人の判断能力について医療機関で鑑定を行うこともある（鑑定費用がかかる）。

審判

後見などの開始の審判をすると同時に、もっとも適任と考えられる人を成年後見人などに選任する。

成年後見人などの仕事がスタート

18

成年後見制度の「後見制度支援信託」「後見制度支援預金」

出金には裁判所の指示書が必要

成年後見制度を検討していて、資産がある家庭なら、「後見制度支援信託」の存在を頭に入れておくといいでしょう。生活費など日常で支払うお金は預貯金として後見人が管理する一方、通常は使わない多額のお金は信託銀行などに預けておくしくみです。

最大のポイントは、信託した財産の入出金など取引には家庭裁判所の指示書が必要となる点です。発達障害がある子に渡す資産保護について安心が得られます。

信託する金額を決め、信託契約を結ぶのは、家庭裁判所に選任された弁護士、司法書士などの専門職後見人です。契約には、生活費用の預貯金口座に定期的に一定の額を振り込むなどと定めることもできます。

専門職後見人は関わる必要性がなくなったところで辞任し、親族などの成年後見人に引き継ぎます。これにより、親族後見人の側も負担が軽くなります。兄弟姉妹などが後見人となる場合、資産管理についてほかの親族ともめるケースが少なくないためです。トラブル予防の効果が期待できます。

ただし、利用できるのは、法定後見制度の成年後見に限られ、保佐、補助、任意後見では使えません。また、信託銀行、専門職後見人への報酬が必要です。

身近な信用金庫なども利用可能に

同じようなしくみとして「後見制度支援預金」も誕生しました。日常の支払いに使う預貯金口座とは別に、まとまった金額を信用金庫、信用組合などに預けるもので、銀行にも広まりました。やはり出入金などに家庭裁判所の指示が必要なため、確実に財産を保護できます。

後見制度支援信託のしくみ

専門職後見人

法定代理人

親族

法定後見人
法定代理人

発達障害のある子

委託者兼受益者

① 専門職後見人が本人の生活、財産の状況を検討、信託する額などを定めて報告書を提出。

② 信託契約の締結を記した指示書を発行。

② 専門職後見人が契約を結び、金銭を預ける。（専門職後見人から親族の後見人が財産管理を引き継ぐ）

③ 契約どおりに定期的な振込。（急な出費がある場合は、後見人が家庭裁判所から指示書を受け、信託銀行などに支払いを請求する）

家庭裁判所

信託銀行など

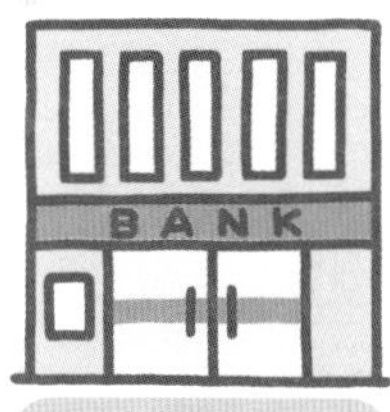

受託者

※信託財産の残高などは信託銀行などの通帳、報告書で確認できる。後見人は家庭裁判所への報告書提出の際、これらを利用できる。

参考：一般社団法人　信託協会 HP「後見制度支援信託」

後見制度支援預金の場合

- 後見制度支援預金では、専門職の後見人を選任するかどうかは家庭裁判所が判断。
- 専門家後見人が選任されず、親族後見人が信託契約を結ぶ場合もある。
- 信用金庫、信用組合などが取り扱うため、より身近な金融機関を利用できる。

Case 13

Mさんのご両親は、80代後半になり相次いで亡くなりました。それまでずっと同居していたMさんの今後について算段する余裕はなかったようです。

Mさんがひとりで生活できないことは明らかでしたから、専門機関の担当者が入所できる施設を探し、奔走しました。残念なことにMさんは入所施設に移って1年で病気で亡くなりました。

Mさん（50代後半・男性）
知的障害あり
自閉スペクトラム症

早めの対策、行動で選択肢が広がる

親御さんが年をとっても、親子とも元気なうちはヘルパーなどの支援を受けながら生活が成り立ちます。その土台が崩れるのが、親御さんが病気やケガで動けなくなり、さらには亡くなったときです。

Mさんに入所施設に入るつもりはなく、かといって親なき後の生活プランもありませんでした。甥がいましたが、「こちらでは見られないから、入れるところに入れてほしい」と言う希望でした。

金銭面の準備もなく、市長申立てによる成年後見人がつきました。入所施設や病院の支払いは滞りないものの、Mさんに欲しいものがあっても、自由にお金を使えませんでした。

Mさん親子のように、支援者が心配して制度やサービスの説明をしても、「まだ大丈夫」「親族が何とかしてくれる」と言って、なにもしないまま歳月が過ぎていくケースが数多くあります。

早めに行動を起こせば、選択肢が広がります。近年、グループホームはさまざまなタイプができて、数も増えました。若いうちに合うところを探せば候補も多く挙がりますが、年齢を重ねて身体介護なども必要になると受け入れ先が見つからない可能性があります。

とくに、これまで福祉サービスを使わず、親御さんがわが子の世話をすべてしてきた家庭は、大変なことになります。どのような制度、サービスがあるのか早いうちに知り、利用を始めることが、親御さんの安心と本人の健やかな暮らしにつながります。

Case 14

Nさん（50代・女性）
知的障害あり
自閉スペクトラム症

Ｎさんは小さいころに自閉スペクトラム症の診断を受け、早くから療育を受けていました。特別支援学校に幼稚部から通い、高等部を卒業すると、障害者雇用で就職し、ずっと働いています。

Ｎさんのお母さんは先々の計画をしっかりと立て、「50歳を過ぎたら、グループホームで暮らすんだよ」と繰り返し本人に話して聞かせていました。

早くからの計画でスムーズにグループホームに移行

Ｎさんはお母さんからずっと聞いていたので、「将来はグループホームで暮らす」と周囲の人にも話していました。どんなところで、どういうことなのかイメージできるように、お母さんが何度も何度も説明していたので、十分に納得して、とくに不安な様子もありませんでした。

そして、50代になるころから、お母さんが選んだグループホームで3年がかりの練習を始めました。月に一度のショートステイを繰り返したのです。最初のグループホームはあまり相性の良くない入居者がいてうまくいきませんでしたが、次のグループホームは落ち着いて過ごすことができ、本人も気に入って決定しました。

その後、Ｎさんはお母さんに「行ってらっしゃい」と送り出され、グループホームに移りました。大きな問題もなく暮らしていて、週末は自宅に戻ります。

グループホームのショートステイを利用してみると、多くの気づきにもつながります。親御さんが問題ないと思っていたことがダメだったり、予想外にできることがあったりとわかるからです。

親御さんが世話をしてずっと家で暮らしてきた場合、一度、家を出てみる経験を早いうちにしておくと、対策を進めることができていいでしょう。

Case 15

Oさんは小さいときにアスペルガー症候群と診断され、療育を受けていました。大学を卒業し、障害者雇用で入った会社でずっと勤務を続けています。

親御さんはひとり暮らしの練習をさせたいと、以前から考えていました。ただ、Oさんにはとても神経過敏なところがあり、突然、知らない環境に身を置くのはストレスが強すぎると思われました。

Oさん（40代・男性）
知的障害なし
アスペルガー症候群

ひとり暮らしの練習で何が必要なのかが見えた

親御さんの考えた方法は、自分たちが親戚の家に滞在するというものでした。そうすればOさんは慣れ親しんだ自宅で、ひとり暮らしの練習ができます。数年がかりで何度も行う計画でした。

40歳の誕生日が近づいたころ、Oさんは初めてのひとり暮らしを経験しました。何となく理解はしていたものの、実際に挑戦してみると、何から何まで驚くことの連続だったそうです。

親御さんはOさんがいない間に自宅に戻り、様子をチェックしました。加えて、洗濯や掃除、食事の準備などのサポートもしていました。はじめからすべてこなすのは難しいだろうと、回を重ねるにつれ少しずつサポートを減らし、ハードルを上げる作戦でした。

ひとり暮らしの期間も、1週間、2週間、1か月、3か月と延ばしていきました。長期になるとご両親はマンスリーマンションを借りて住んでいました。最終的には、ほとんどすべての家事をOさんがひとりでする状態までもっていきました。

その結果、Oさんには自信がつきましたが、同時にひとり暮らしの大変さを実感しました。帰宅して家事をひと通り終わらせると、すでに寝る時間になってしまうのです。このため、今後、会社の近くに越して通勤時間を減らすか、家事が軽減できるグループホームに入るかを検討しています。何を優先、どう対応するか、課題がはっきりしました。

物事の受け止め方、行動を修正する認知行動療法

認知行動療法はもともとうつ病の治療法として確立され、不安症、パニック症、強迫症などへの有効性も確認された精神療法です。発達障害、統合失調症などへの効果も実証されつつあります。欧米ではすでにグローバルスタンダードと見なされているものの、日本では実施できる機関がさほど多くないのが現状です。治療にあたるのは、専門知識を有する医師や公認心理師、臨床心理士などです。

療育機関でも認知行動療法が取り入れられるようになってきましたが、どこでも受けられる状況ではありません。

具体例としては、不安や怒り、恐れが強く、問題行動につながりがちな自閉スペクトラム症の子どもに対して、物事の受け止め方と考え方が変わるよう働きかけ、行動を修正していきます。不安や怒りが高まるばかりでコントロールできなくなり、人を攻撃していた子どもを、「仕方ないねと声に出して言う」「その場を離れる」「別のことをする」などと導いて、怒りをおさめ、攻撃しない方向に向かわせるということです。子どもに伝わりやすいように、ロールモデルとなるヒーローと悪役の絵やマンガなどもよく使われます。

また、東京都立中部総合精神保健福祉センターの「発達障害向け専門プログラム(ASAP)」のように、精神科デイケアとして就労、進学を目指す認知行動療法のプログラムを行っている専門機関もあります。発達障害のある大人が自己理解を深め、特性にあった働き方、人との関わり方、苦手なことへの対処法などを学ぶものです。

発達障害者へのサポートに関連して、根拠となる法律、事業の実施に関わる機関などをまとめました。

施策や支援は、2023年4月に創設されたこども家庭庁と他省（厚生労働者や文部科学省など）が連携して行う。

事業／実施主体など	関係機関など
障害児通所支援事業／市区町村	児童発達支援事業所 児童発達支援センター 医療型児童発達支援センター 放課後等デイサービス 保育所等訪問支援事業所
障害児相談支援事業／市区町村	指定障害児相談支援事業者
障害児入所支援／都道府県、指定都市	障害児入所施設（福祉型・医療型）
乳幼児健診／市区町村	保健センターなど
都道府県、指定都市	児童相談所
都道府県、指定都市	保健所
市区町村	保健センター
市区町村	幼稚園 小学校、中学校
都道府県	高等学校 特別支援学校
特別支援教育就学奨励費／都道府県、指定都市	特別支援学校 特別支援学級 小中学校（私立含む）
特別児童扶養手当、障害児福祉手当／市区町村	――

発達障害に関連する法律・関係機関一覧

子ども関連

法律	目的・趣旨
児童福祉法	すべての児童が心身とも健全に育成され、ひとしく生活を保障され、愛護されることを理念とし、その目的達成のための国、地方公共団体の責任ほか諸制度を定めた総合的な法律。対象を限定せず、すべての児童の権利を定めたところに意義がある。
母子保健法	乳幼児と母親の健康の保持と増進を図るために定められた法律。母子健康手帳の交付、妊産婦と乳幼児の訪問指導なども規定されている。
児童虐待の防止等に関する法律(児童虐待防止法)	児童に対する虐待を禁止し、虐待の予防、早期発見などに関する国と地方公共団体の責任を定めている。児童の権利利益の擁護を目的とした法律。
地域保健法	地域住民の健康の保持および増進を目的とする法律。保健センターをすべての市区町村に拡大し、保健所と市区町村双方が提供してきた地域保健サービスを一元化した。
学校教育法	教育基本法に基づき、幼稚園から大学までの学校教育について定めた基本的、総合的な法律。具体的な内容は、施行規則、施行令で示される。
特別支援学校への就学奨励に関する法律	特別支援教育を受ける児童または生徒について、保護者の経済的負担を軽減するため、必要経費の一部またはすべてを補助することを定めた法律。
特別児童扶養手当等の支給に関する法律	精神または身体に障害がある児童について特別児童扶養手当、重度の障害がある児童については障害児福祉手当を支給し、福祉の増進を図ることを目的とする法律。

事業／実施主体など	関係機関など
地域生活支援事業、障害福祉サービスを含む自立支援給付／市区町村	サービス事業者
自立支援医療費／市区町村	医療機関
合理的配慮の提供／国・地方公共団体(民間事業者は努力義務) ＊法改正により2024年4月よりすべての事業者	――
発達障害者支援センターの設置／都道府県、指定都市	――
市町村障害者虐待防止センター・都道府県障害者権利擁護センター（虐待の通報、対応の窓口）	――
福祉事務所を規定／都道府県、市区町村	――
精神障害者保健福祉手帳関係／都道府県、指定都市	申請は市区町村の窓口
障害年金／日本年金機構	市区町村役場、年金事務所
知的障害者更生相談所の設置／都道府県、指定都市	障害者福祉センター、障害者相談センターなど
地域障害者職業センター／独立行政法人 高齢・障害・求職者雇用支援機構	――
障害者就業・生活支援センター／一般社団法人や社会福祉法人	――

障害者関連

法律	目的・趣旨
障害者の日常生活及び社会生活を総合的に支援するための法律(障害者総合支援法)	障害のある人が居住する地域で自立した日常生活、社会生活を送るために必要な支援を総合的に行うことを定めた法律。身体障害者、知的障害者、精神障害者、難病患者に、障害福祉サービスなどを一元化した制度で提供する。
障害を理由とする差別の解消の推進に関する法律(障害者差別解消法)	すべての国民が、障害の有無によって分け隔てられることなく、人格と個性を相互に尊重し合いながら共生する社会の実現に向け、障害を理由とする差別の解消に関して定めた法律。
発達障害者支援法	発達障害の早期発見と早期の療育、また学校教育、就労、地域生活における発達障害者への支援などについて、国と自治体の責務を定めた法律。
障害者虐待の防止、障害者の養護者に対する支援等に関する法律(障害者虐待防止法)	障害者に対する虐待の防止と国などの責務、虐待された障害者の保護と自立支援、養護者への支援などを定めた法律。
社会福祉法	社会福祉の目的、理念、原則と福祉サービスの基本的事項を定めた法律。行政組織に関する規定のほか、社会福祉法人、社会福祉協議会など地域福祉に関する規定などがある。
精神保健及び精神障害者福祉に関する法律(精神保健福祉法)	精神障害者の医療と保護、社会復帰の促進、自立と社会経済活動への参加に向けての援助などを定め、精神障害者の福祉の増進、国民の精神保健の向上を図るための法律。
国民年金法、厚生年金保険法	国民年金制度については国民年金法、民間企業で働く人を対象とする厚生年金については厚生年金保険法に定められている。
知的障害者福祉法	知的障害者に対し、自立と社会経済活動への参加を促進するため、援助と必要な保護を行い、知的障害者の福祉を図るための法律。

就労関連

法律	目的・趣旨
障害者の雇用の促進等に関する法律(障害者雇用促進法)	障害者の職業リハビリテーション、雇用の促進、在宅就業の促進などを定め、職業と生活の安定を図る法律。民間企業、国、地方公共団体の障害者雇用の最低比率を定めている。

発達障害のおもな特性の伝え方

発達障害について知識がない人、誤解している人に対して、わが子または自身の特性を説明するのは容易ではありません。おもな特性と対応のポイントを以下にまとめました。学校の教師ほか教育関係者、同級生の保護者、親戚、支援者、近隣住民、勤務先などに対して、正しい認識と理解を求める際に活用できます。

資料：厚生労働省「障害者差別解消法　福祉事業者向けガイドライン」、国立障害者リハビリテーションセンター 発達障害情報・支援センターHP「各障害の定義」

自閉スペクトラム症（アスペルガー症候群を含む）

おもな特性

- 「対人関係の障害」「コミュニケーションの障害」「限定した常同的な興味、行動および活動」という3つの特徴をもつ。
- 相手の表情や態度などよりも、文字や図形、物の方に関心が強い。
- 見通しの立たない状況では不安が強いが、見通しが立つときはきっちりしている。
- 大勢の人がいるところや気温の変化などの感覚刺激への敏感さで苦労しているが、それが芸術的な才能につながることもある。
- アスペルガー症候群は明らかな認知の発達、言語発達の遅れをともなわない。

おもな対応

- 本人をよく知る専門家や家族にサポートのコツを聞く。
- 肯定的、具体的、視覚的な伝え方の工夫（「○○をしましょう」といったシンプルな伝え方、その人の興味関心に沿った内容や図・イラストなどを使って説明するなど）。
- スモールステップによる支援（手順を示す、モデルを見せる、体験練習をする、新しく挑戦する部分は少しずつにするなど）。
- 感覚過敏がある場合は、音や肌触り、室温など感覚面の調整を行う（イヤーマフを活用する、大声で説明せずホワイトボードで内容を伝える、人とぶつからないように居場所を衝立などで区切る、クーラーなどの設備のある部屋を利用できるように配慮するなど）。

学習障害（限局性学習症）

おもな特性

- 「話す」「理解」は普通にできるのに、「読む」「書く」「計算する」など特定のことが努力しているのに極端に苦手。
- 全般的な知的発達の遅れはない。

おもな対応

- 本人をよく知る専門家や家族にサポートのコツを聞く。
- 得意な部分を積極的に使って情報を理解し、表現できるようにする（ICT を活用する際は、文字を大きくしたり行間を空けるなど、読みやすくなるように工夫する）。
- 苦手な部分について、課題の量・質を適切に加減する、柔軟な評価をする。

注意欠如・多動症

おもな特性

- 次々と周囲のものに関心をもち、周囲のペースよりもエネルギッシュにさまざまなことに取り組むことが多い。
- 注意力散漫、もしくはその子どもの年齢や発達レベルに見合わない多動性や衝動性、あるいはその両方がある。
- 一般的に多動や不注意が目立つのは学齢期で、思春期以降は症状が目立たなくなるともいわれる。

おもな対応

- 本人をよく知る専門家や家族にサポートのコツを聞く。
- 短く、はっきりとした言い方で伝える。
- 気の散りにくい座席の位置の工夫、わかりやすいルール提示などの配慮。
- ストレスケア（傷ついた体験への寄り添い、適応行動ができたことへのこまめな評価）。

関連する障害＜気分障害＞

おもな特性

- 気分の波がおもな症状としてあらわれる病気。うつ状態のみを認めるときはうつ病と呼び、うつ状態と躁状態を繰り返す場合には、双極性障害（躁うつ病）と呼ぶ。
- うつ状態では気持ちが強く落ち込み、何事にもやる気が出ない、疲れやすい、考えが働かない、自分が価値のない人間のように思える、死ぬことばかり考えてしまい実行に移そうとするなどの症状が出る。
- 躁状態では気持ちが過剰に高揚し、普段ならあり得ないような浪費をしたり、ほとんど眠らずに働き続けたりする。その一方で、ちょっとしたことにも敏感に反応し、他人に対して怒りっぽくなったり、自分は何でもできると思い込んで人の話を聞かなくなったりする。

おもな対応

- 専門家の診察のうえで、家族や本人、周囲の人が病気について理解する。
- 薬物療法がおもな治療となるため、内服を続けるために配慮する。
- うつ状態のときは無理をさせず、しっかりと休養をとれるよう配慮する。
- 躁状態のときは、金銭の管理、安全の管理などに気をつけ、対応が難しいときには専門家に相談する。
- 自分を傷つけてしまったり、自殺に至ることもあるため、自殺などを疑わせるような言動があった場合には、本人の安全に配慮したうえで、速やかに専門家に相談するよう本人や家族などに促す。

関連する障害<知的障害>

おもな特性

- おおむね18歳頃までの心身の発達期にあらわれた知的機能の障害により、生活上の適応に困難が生じる。
- 「考えたり、理解したり、読んだり、書いたり、計算したり、話したり」するなどの知的な機能に発達の遅れが生じる。
- 金銭管理、会話、買い物、家事などの社会生活への適応に、状態に応じた援助が必要。

おもな対応

- 言葉による説明などを理解しにくいため、ゆっくり、ていねいに、わかりやすく話すことが必要。
- 文書は、漢字を少なくしてルビを振る、文書をわかりやすい表現に直すなどの配慮で理解しやすくなる場合があるが、ひとりひとりの障害の特性により異なる。
- 写真、絵、ピクトグラムなどわかりやすい情報提供を工夫する。
- 説明がわからないときに提示するカードを用意したり、本人をよく知る支援者が同席するなど、理解しやすくなる環境を工夫する。

参考文献

『障害のある子が受けられる支援のすべて』社会福祉法人 和枝福祉会監修　ナツメ社
『発達障害に関わる人が知っておきたいサービスの基本と利用のしかた』浜内彩乃　　ソシム
『発達障害の子の療育が全部わかる本』原哲也　　講談社
『障害のある子が将来にわたって受けられるサービスのすべて』渡部伸監修　自由国民社
『発達障害者支援ハンドブック2020』東京都福祉保健局
『事業主と雇用支援者のための障害者雇用推進ハンドブック　令和4年度版』東京都

参考サイト

- 政府広報オンライン
- 厚生労働省
- 文部科学省
- 日本年金機構
- 東京都福祉保健局
- 東京都発達障害者支援センター（こども TOSCA）
- 国立障害者リハビリテーションセンター 発達障害情報・支援センター
- 独立行政法人 国立特別支援教育総合研究所 発達障害教育推進センター
- 独立行政法人 国立特別支援教育総合研究所「インクルーシブ教育システム構築支援データベース」
- 独立行政法人 日本学生支援機構
- 独立行政法人 高齢・障害・求職者雇用支援機構
- 発達障害ナビポータル
- ｅ－ヘルスネット（厚生労働省）
- 東京障害者職業能力開発校
- 社会福祉法人 全国社会福祉協議会
- 一般社団法人 信託協会

さくいん

あ行

ICD-11(WHO国際疾病分類)――24・25
アスペルガー症候群――21・24・214
一般雇用――16・100・101・126・140
一般就労――16・100・101・107・122・123・126・128
一般障害者――185・186・188・189
移動支援――27・90・91
医療型児童発達支援〈センター〉――13・27・52・53・210
医療型障害児入所施設――13・60・61
医療保険――140・141・187
インクルーシブ教育――72～74
うつ病――16・34・35・37・46・134～136・144・147・152・162・163・209・216
NHK受信料の減免――142
音楽療法――168

か行

介護給付――27～29・157・173・176
介護保険料――184
介護老人保健施設――156
学習障害――21～25・43・69・75・215
家族信託――198・199
家庭児童相談員――50
加配制度――63
教育委員会――14・76・77・79・84・85
教育センター――14・80
共同生活援助――27・173
居住サポート事業(住宅入居等支援事業)――172・173
居宅介護(ホームヘルプ)――27・157・172・173
居宅訪問型児童発達支援――27
グループホーム(共同生活援助)――18・171～173・175
訓練等給付――27～29・173・176・177
計画相談支援――27・29・178
携帯電話料金割引――142
健康保険――52・132～134・147・152・158
言語療法――87・96
公営住宅優先入居――172
公共交通機関の割引・減免――142
公共施設の入場料などの割引――143

後見制度支援信託／預金――204・205
高等特別支援学校――15・88
行動援護――27・157
合理的配慮――14〜16・72・74・75・78・82・89・103・104・105・141・212
国民健康保険料――184・185
個人賠償責任保険――187
子育て短期支援事業――60・61
子ども家庭支援センター――12・50・51
子の加算――146・151
個別支援計画――13・58・59
個別の教育支援計画――14・78・79

さ行

サービス等利用計画――29・154・177〜179
作業療法――66・87
施設入所支援――27・173
失業保険――17・136・137
指定一般相談支援事業者――178・179
指定障害児相談支援事業者――56・210
指定特定相談支援事業者――29・154・177・178・179
自動車税の減免――185
児童相談所――12・31・37〜39・50・51・60・210
児童発達支援事業所――12・52・53・210
児童発達支援センター――12・52・53・66・210
児童福祉法――26・27・36・52・87・211
自閉スペクトラム症――21・22・24・25・34・43・69・75・132・168・187・209・214
社会福祉協議会――18・129・182・213
社会保険労務士――153
若年コミュニケーション能力要支援者就職プログラム――16・110〜112
就学相談――14・76・77
就職困難者――17・136・137
就職支援ナビゲーター――110・112
重度障害者等包括支援――27・157
重度訪問介護――27・157
就労移行支援――17・27・126・128・131・174・176
就労継続支援A型――16・27・101・122・123・129・174
就労継続支援B型――16・27・101・124・125・129・174
就労定着支援――17・27・127〜129

受診状況等証明書——150〜152
障害基礎年金——125・144〜146・151・184
障害厚生年金——144・146・147・151・184
障害支援区分——28・29・154〜157・172〜174・176
障害児支援利用計画——13・54〜56・87
障害児相談支援——27・210
障害児通所支援——27・52・210
障害児入所支援——27・60・210
障害児福祉手当——13・40・41・210・211
障害者雇用——16・36・100・101・104・122・126・140・141
障害者雇用促進法——102〜104・213
障害者差別解消法——73・74・104・213
障害者支援施設——15・42・156・176
障害者就業・生活支援センター——16・108・109・112・113・118・119・129・150・212
障害者職業能力開発校——115
障害者総合支援法——26・27・29・154・173・176・177・213
障害者短時間トライアル雇用——121
障害者手帳——13・17・18・26・32・36・37・52・54・87・90・136〜142・144・151・152・161・172・173・182・185・187
障害者トライアル雇用——17・120・121・130
障害者の控除——18・36・141・184〜186
障害者扶養共済制度——18・194・195
障害手当金——145・147
障害認定日——145・148・149・152
障害年金——17・18・26・32・38・139・144〜148・150〜153・159・171・185・196・202・212
障害福祉サービス——16・18・26〜29・32・52・100・109・122・123・126・128・129・152・154・156・163・171・172〜174・178・180・181・183・212
傷害保険——187
上下水道料金の割引——142
傷病手当金——17・134・135・147
職業準備支援——16・116
職業リハビリテーション〈センター〉——108・109・115・213
初診日——144・145・147〜152
所得税・住民税の障害者控除——185・186
巡回相談——84・85
ジョブコーチ（職場適応援助者）——17・130・131
自立活動——69

自立訓練——18・27・172〜174・176・177
自立支援医療——27・133・158・159・212
自立支援医療受給者証——158
自立支援給付——27・29・176・212
自立生活援助——27・177
診断書——32・33・38・39・41・136・137・139・150〜152・158・159
生活介護——15・27・156・172〜174
生活訓練——18・27・176
生活支援員——122〜124・175・182
生活保護——18・53・159・181・182・195〜197
精神科デイケア——17・132・133・158・209
精神障害者——29・101・102・115・162・213
精神障害者雇用トータルサポーター——111
精神障害者保健福祉手帳——13・36〜39・100・136・138・139・142・185・196・212
精神保健福祉士——111・113・133・161・162
精神保健福祉センター——16・39・162・163
成年後見制度——18・171・198・200・201・204
成年後見人——200〜203
生命保険——141・187・192・193
生命保険信託——192・193
セルフプラン——56・154
相続税の障害者控除——185・186
相談支援〈事業〉——27・31・161・178・179
相談支援事業者——18・29・54・56・154・178・179
相談支援専門員——21・56・57
ソーシャルワーカー——147・150

た行

タイムケア——42
短期入所（ショートステイ）——17・27・60・61・156
地域移行支援——179
地域活動支援センター——17・27・160・161・178
地域障害者職業センター——16・108・109・112・113・116・130・212
地域生活支援事業——27・29・212
地域定着支援——179
地域包括支援センター——203
地域保健法——211
知的障害者更生相談所——31・38・138・139・212
注意欠如・多動症——21・22・24・25・34・43・69・75・132・168・215

通級指導教室——14・15・68〜70・88
通常学級——14・15・41・68・69・71・72・76・85・88
通所受給者証——54・55・62・87・90
DSM-5（米国精神医学会診断基準）——24
適応指導教室——14・80・81
同行援護——27
特定障害者——188
特定贈与信託——188・189
特別支援学級——14・32・40・69・70・73・76・210
特別支援学校——13〜15・40・41・62・68〜70・72・73・83・88・123・210・211
特別支援学校高等部——15・41・68・70・88
特別支援学校小学部——14・41・68・70
特別支援学校中学部——14・41・68・70
特別支援学校幼稚部——13・41・68
特別支援教育——36・68・70・72・78・82・84
特別支援教育コーディネーター——82〜85
特別支援教育就学奨励費——13・40・41・210
特別児童扶養手当——13・15・32・40・41・210・211
特別障害者——185・186・188
特別障害者手当——15・32・40
特例子会社——101

な行

二次障害——34・35・46・135・137・144・162・163
日常生活自立支援〈事業〉——18・172・173・182
日中一時支援事業——42
入所施設——18・60・61・171〜174・176・179・181
乳幼児健診——48・49・210
任意後見制度——200・201
認知行動療法——209

は行

配偶者加給年金——146・151
20歳前傷病による障害基礎年金——15・144・148・149・152
発達障害者雇用トータルサポーター——16・110・113
発達障害者支援センター——12・16・30・31・43・98・99・112・113・212
発達障害者支援法——24・26・213
発達障害者就労支援カリキュラム——117
ハロートレーニング——16・114・115

ハローワーク――16・31・108〜114・116・121・127・130・137
病歴・就労状況等申立書――150〜152
福祉型障害児入所施設――13・60・61
福祉的就労――16・17・100・101・122・124
負担上限月額――18・52・53・180・181
ペアレント・トレーニング――43・86
ペアレント・メンター――43
保育所等訪問支援〈事業所〉――13・27・54・62・210
放課後等デイサービス――14・27・66・86・87・96・210
法定後見制度――200・201・204
訪問看護――158
ホームヘルパー――154・157
保健師――21・48・50・162
保健所――16・51・98・99・163・210・211
保健センター――12・16・33・38・43・50〜52・54・98・99・133・210・211
保佐人――200
母子手帳――33・39・77・152
母子保健法――48・211
補助人――200

や行

夜間養護等(トワイライトステイ)事業――60・61
薬物療法――46・216
遺言代用信託――190・191

ら行

理学療法――53・87
療育手帳――13・36〜39・41・77・100・138・139・196
療養介護――27
レスパイト――42

● 監修者プロフィール

社会福祉法人　嬉泉（きせん）

昭和40年、財団法人嬉泉子どもの生活研究所が発足し、障害児のための相談事業を開始。翌年の昭和41年に社会福祉法人の認可を得て以降、おもに自閉症をはじめとする障害児・障害者を対象とした相談・支援事業および保育事業を運営してきた。『受容的交流』の考え方を基本とし、利用者本人の自己実現と「誰もが自分らしさを受け容れ合える」共生社会を目指した援助実践を展開している。

●執筆協力　：三橋志津子
●本文デザイン：高橋里佳（Zapp！）
●本文イラスト：峰村友美
●編集協力　：ロム・インターナショナル
●編集担当　：原 智宏（ナツメ出版企画）

発達障害（はったつしょうがい）のある人（ひと）が受（う）けられるサービス・支援（しえん）のすべて

2023年 7 月 1 日　初版発行
2023年12月20日　第3刷発行

監修者　社会福祉法人（しゃかいふくしほうじん） 嬉泉（きせん）
発行者　田村 正隆

発行所　株式会社ナツメ社
東京都千代田区神田神保町1-52　ナツメ社ビル1F（〒101-0051）
電話　03（3291）1257（代表）　FAX　03（3291）5761
振替　00130-1-58661

制　作　ナツメ出版企画株式会社
東京都千代田区神田神保町1-52　ナツメ社ビル3F（〒101-0051）
電話　03（3295）3921（代表）

印刷所　ラン印刷社

ISBN978-4-8163-7399-2　Printed in Japan